LES TERROIRS ET LA GAUCHE

UN AMOUR MÉCONNU

SAMUEL GRZYBOWSKI

DU MÊME AUTEUR

OUVRAGES INDIVIDUELS

Fraternité radicale, Les Arènes, 2018.

Manifeste pour une coexistence active, Les Éditions de l'Atelier, 2015.

Tous les chemins mènent à l'Autre, Les Éditions de l'Atelier, 2014.

OUVRAGES COLLECTIFS

Gagner, avec Mahaut Chaudouët-Delmas et Priscillia Ludosky, Au Diable Vauvert, 2024.

L'Après-Charlie, 20 questions pour en débattre sans tabou, avec Jean-Louis Bianco et Lylia Bouzar, Les Éditions de l'Atelier, 2015.

Pour Mamy, née à la ferme de Girouet, fidèle au service public de la Poste pendant plus de 40 ans et vivant encore dans la Meuse, en Lorraine. Elle m'a transmis l'amour de la terre, le goût de l'enracinement et le sens de l'hospitalité.

LES TERROIRS ET LA GAUCHE

UN AMOUR MÉCONNU

SAMUEL GRZYBOWSKI

faubourg

Les annexes complètes de cet ouvrage sont disponibles en suivant ce QR code :

AVANT-PROPOS

LUTTE ET CONTEMPLATION

Sur la route qui nous mène à Annonay, sur les hauteurs du Vivarais, je m'étonne : pourquoi mon père dit-il que nous sommes en Ardèche alors que les gens d'ici nous parlent des Boutières ? La semaine dernière encore, c'est ma mère qui évoquait la cuisine périgourdine alors que nous étions en Dordogne... En promenade dans les Cévennes, en randonnée dans le Béarn, lors d'une retraite sur le Pilat, au Center Parc de Sologne, chez un camarade de classe dans le Berry, à côté de Paris dans la Brie, chez ma grand-mère en Argonne ou dans le Minervois : j'ai eu le privilège toute mon enfance (et le reste de ma vie durant) de découvrir que la France était faite de mille pays et que ces pays semblaient vivre en harmonie. L'absence de ces noms quand je consultais une carte administrative m'a beaucoup interrogé. Peut-être vous aussi pensez-vous à ce coin merveilleux, dont la simple évocation fait revivre une myriade de senteurs, d'expériences et de sensations. Peut-être avez-vous l'impression que ces dénominations qui n'apparaissent nulle part sont comme la carte secrète de vos voyages en France et de vos souvenirs d'enfance. Le Verdon, le Grésivaudan, le Bugey, la Bresse, le Morvan, l'Aubrac, les Cévennes, la Beauce, l'Artois, les Flandres, le Perche, le Béarn, les Mauges, le Cotentin, la Cornouaille : autant de pays, parmi des centaines d'autres, qui n'ont pas de réalité administrative. Ni régions, ni départements, ni communes, ces terroirs sont en fait des héritages. Ce sont aussi des réalités vécues au présent, car, même si le tourisme a tôt fait d'en comprendre la valeur commerciale, ils sont d'abord une réalité pour celles et ceux qui les vivent et qui les habitent.

Enfant, le logement social parisien où j'ai grandi avec mes parents était comme la base de départ de nos explorations dans la Renault Espace familiale. Aussi loin que mes souvenirs remontent, toute ma vie a été nourrie par cette enquête discrète à la recherche du terroir d'à côté et de ses singularités – avec, sur le frigo, la carte jamais terminée des départements magnets du cordon-bleu Le Gaulois. De cette période, je garde aussi le souvenir d'une famille très engagée, à gauche, dans différents combats de société. Mon grand-père, administrateur d'université et militaire, et ma grand-mère, fonctionnaire des postes par concours successifs sans avoir eu le baccalauréat, formaient un couple de travailleurs lorrains. Première génération à rejoindre la ville, à Nancy, ma grand-mère a grandi dans une famille paysanne de la Meuse où elle est retournée vivre. Elle est devenue de gauche avec le temps, en voyant Mitterrand et ses « mensonges » s'éloigner du patrimoine vivant de la politique. Ma mère, transfuge de classe, a débarqué dans la capitale et réussi les concours des Arts-Décos et des Beaux-Arts. En arrivant à Paris, elle a épousé une partie des causes du progressisme du monde de la culture, depuis le soutien à Solidarnosc jusqu'à la mobilisation générale contre l'extrême droite en avril 2002, en passant par la marche pour l'égalité. En miroir, mon père avait quitté sa famille bourgeoise du Champ-de-Mars pour faire de la philo et devenir journaliste. Entre déclassement et méritocratie, mes parents se sont rencontrés au milieu, dans une classe moyenne aisée, ni bobo, ni bourgeoise, avec ce fond de christianisme ardent. Cathos de gauche comme on les appelle, mes parents étaient surtout les deux : et cathos et à gauche. « Un œil sur l'Évangile et un œil sur le journal », comme ils me l'ont répété toute mon enfance.

Dans le salon, les tables basses croulaient sous l'amoncellement de la presse quotidienne, hebdomadaire et mensuelle rapportée chaque soir par mon père. Dans le bureau, ma mère, graphiste, collectionnait les beaux livres sur le *street art*, les logos et le design numérique. Mon père pestait souvent contre la droite conservatrice, le rejet des immigré·es, qu'il considérait comme la plus grande infidélité à l'Évangile, ma mère détestait le mépris de classe, en particulier celui dont elle avait fait l'objet, mais aussi celui dont elle voyait souffrir les voisin·es de notre HLM du XVe arrondissement.

En lisant l'Évangile, je ne voyais pas comment on pouvait vouloir être autre chose que révolutionnaire. Les riches galéraient à entrer au Royaume des cieux, celles et ceux qui refusaient l'accueil des pauvres étaient châtié·es, et l'hospitalité comme le partage y sont prônés sans équivoque dans leur version la plus radicale. Mon père était davantage concerné par les Roms et la façon dont ils étaient traités, ma mère par les intermittent·es et la protection du monde de la culture. Mes vacances régulières dans la Meuse insufflaient progressivement chez moi une conscience de classe, qui me fit réaliser à quel point la ville dans sa forme contemporaine était une anomalie humaine. En outre, l'abandon évident de la diagonale du vide, dont la Meuse était une des extrémités, au nord-est, me rendait nostalgique d'une époque que je n'avais jamais connue, quand les maisons de la rue principale du village étaient encore ouvertes, peintes et vivantes.

LA GAUCHE

De cette politisation précoce, ma colère s'est d'abord portée contre Nicolas Sarkozy, alors ministre de l'Intérieur, dont je détestais la violence verbale et le mépris raciste et classiste. Un jour, je me trouvais devant mon lycée du VIe arrondissement. Sur cette place, six lycées avaient rendez-vous chaque soir : Stan, Sion, Saint-Sulpice, Montaigne, l'Alsacienne et Carcado. La police nationale s'arrêta brutalement avec son grand camion grillagé pour contrôler de manière hasardeuse les cinq seuls jeunes ostensiblement racisés parmi la centaine de lycéens réunis en fin de journée. Circonspect en apparence, mais outragé intérieurement, je m'en vais demander aux agents la raison de ce contrôle exclusif. Un gardien de la paix me répond qu'il ne s'agit que d'un premier temps. J'ironise en disant que le choix des jeunes contrôlés n'a pas l'air d'une coïncidence. Le policier n'en a que faire et contrôle, les mains sur la tête ou sur le capot, les jambes ouvertes, les cinq jeunes susmentionnés. Mais les agents repartent bredouilles sans avoir trouvé le moindre stupéfiant et remontent dans leur camion. Outré, je leur crie alors : « Eh ! Vous nous avez oubliés ! » Agacé par mon insubordination, le policier m'embarque au poste pour outrage envers agent public.

Même si j'aimais déjà la France, son drapeau et son histoire, j'avais parfois honte du décalage entre cette théorie et la réalité, comme lorsque le président Sarkozy nous contraignit à lire la lettre de Guy Môquet dans tous les établissements à la rentrée 2007. Une récupération hypocrite à laquelle je répondis par l'impression de 1 000 tracts communistes parmi ceux de Môquet lorsqu'il fut arrêté et que je distribuai dans mon lycée, ce qui me valut une nouvelle convocation disciplinaire. Paradoxalement, je grandissais donc dans le même temps avec cet amour croissant de la France et des parcelles cachées de son territoire autant qu'avec la ferveur politique qui m'emmena de plus en plus vers la gauche jusqu'à me dévouer à l'émergence d'un Nouveau Front populaire vraiment équilibré et capable de gagner, pour gouverner, pour changer la vie.

LES TERROIRS

C'est en achetant un cantal sur la chaîne des Puys que j'ai entendu pour la première fois le mot « terroir ». Un mot intraduisible, sans équivalent dans d'autres langues, un concept holistique qui englobe la géographie, la culture et l'interaction entre l'humain et la nature. Augustin Berque, penseur contemporain important, le définit comme l'influence mutuelle entre l'humain et son milieu. Dans son œuvre, il développe une approche selon laquelle le milieu n'est jamais une entité fixe, mais plutôt un lieu continuellement transformé par les individus qui l'habitent. Remettant en question la traditionnelle dichotomie entre nature et culture, Berque propose une lecture du terroir où « l'être se crée en créant son milieu ». C'est dans cette intéraction réciproque que réside la véritable essence du terroir, un concept vivant et évolutif, où l'homme et la nature sont intimement liés et co-créateurs de leur réalité[1].

Le terroir est un mot-voyage. Perçu au premier abord comme un gage de tradition et d'identité locale, il a toujours été cohérent avec les luttes particulières et les victoires sociales. C'est ce lien entre les deux grandes éducations de ma vie, l'éducation civique puis politique d'une part, l'amour de la France d'autre part, qui m'a donné envie d'écrire ce livre.

Mon père, musicien et chanteur, tournait dans toute la France, une quarantaine de week-ends par an, pour donner des concerts. Ma mère était passionnée de lieux cachés. Elle a été la première cible du *Routard* avant que les sentiers isolés ne deviennent des sentiers balisés par le succès du guide touristique. J'ai suivi mes parents avec passion dans leurs deux démarches.

1 Augustin Berque et Damien Deville, *Faire corps avec la terre. Manifeste de mésologie*, Wildproject, 2019.

Je remplissais avec ma mère un carnet de voyage retraçant nos découvertes du Mercantour, du Queyras ou du Morvan. Et je suivais mon père sur ses routes musicales en devenant son pianiste. La musique a d'ailleurs été mon premier métier, encore adolescent. Cela m'a permis de fonder bénévolement le mouvement Coexister, puis de m'y engager totalement de 2009 à 2015, lorsque j'en devins le président. Grâce à la musique, j'ai aussi découvert les recoins des terrils du Nord, l'église paumée du bocage vendéen, le littoral biterrois, le Beaujolais ou les paroisses de Bretagne. En continuant le carnet de route inauguré avec ma mère, j'ai réalisé que j'avais séjourné au moins une fois dans chacun des départements français. Je ne peux pas en dire autant des terroirs, qui sont plus d'un millier. Pourtant, j'ai dans l'intérieur de la paupière un film qui me semble infini où je peux revoir les fougères du Puy-de-Dôme, les genêts de Bretagne, les bruyères d'Ardèche, les courbes de la Meuse ou le soleil de Provence.

UNITÉ ET DIVERSITÉ

Mes douze années de combat à Coexister, puis à Convivencia (son agence de formation sur la laïcité), de 2009 à 2021, m'ont définitivement convaincu que l'un des principaux enjeux contemporains de notre pays, autant que de notre gauche, est de découvrir le sain équilibre entre l'unité et la diversité. Les terroirs vis-à-vis de la nation disent la même chose que les convictions et les religions vis-à-vis de la laïcité, ou que les traditions communiste, socialiste, insoumise et écologiste vis-à-vis de la gauche. Ils sont des dialogues entre ce qui nous rassemble et ce qui nous distingue. Et j'ai découvert, au cours de mes engagements, que ce qui nous ressemble n'est pas ce qui nous rassemble : notre unité dépend plus de notre capacité à accueillir nos différences que de notre pulsion grégaire à vouloir nous identifier de manière uniforme. C'est une contre-intuition pour l'esprit du temps, qui préfère convoquer la recherche acharnée d'une ressemblance mythifiée, au nom de l'unité. Toutes ces tentatives disent : « Vivons ensemble *malgré* nos différences. » Elles sonnent pour moi comme une intense contradiction avec la réalité de mon expérience, où nous pouvons « vivre ensemble *grâce à* nos différences ».

UNE FRONTIÈRE QUI OUVRE À L'INFINI DU PROCHAIN TERROIR

Les terroirs sont encore vivants et n'ont pas abdiqué face à la mondialisation. On sait nommer le pays de Caux, la Touraine, le Beaujolais et le Poitou bien qu'aucune entité administrative n'en ait gardé la dénomination. Depuis Charles Maurras et Maurice Barrès, le terroir est enrôlé dans l'imaginaire des « petites patries » comme autant de bastions à défendre face à ce qui vient du « dehors ». Le terroir est mobilisé comme un gage de pureté. Il est l'image figée, le souvenir suranné d'une certaine idée de la France et de ses traditions. Une France racialisée au mépris du fait que le terroir transmet justement un *droit du sol* plutôt qu'un *droit du sang* : est charolais celui ou celle qui vit, tisse ses relations et cultive en pays charolais.

De la même manière que la notion de « patrie » est historiquement une notion de gauche radicale, issue de la Révolution française, porteuse de l'idée selon laquelle notre citoyenneté commune provient de la terre et des ressources que nous partageons plutôt que de notre sujétion au roi et à Dieu, la notion de « terroir » est une harmonie, une symbiose entre des humains de passage et une culture en constante mutation. Si nous avons en partie perdu la notion de patrie dans le langage courant, avec les différents fascismes qui s'en sont réappropriés une version détournée de sa définition première, il n'est pas trop tard pour ne pas perdre la notion de terroir. Car le terroir a cela d'unique qu'il n'est pas figé dans son expression. Les régions administratives, les cartes départementales, les cantons et les villes ont des contours fixes et délimités, le terroir vit à travers des pratiques et des cultures issues de l'observation par des humains toujours nouveaux sur un espace qui les environne. Le terroir a une frontière lui aussi, c'est même au cœur de sa définition, mais elle n'est pas un trait sur une carte, elle est pointée du doigt par le berger qui me dit dans la Soule : « Ça s'arrête là-bas, sur la cime de la colline. » C'est une frontière qui ouvre à l'infini du prochain terroir, de l'autre côté du col.

Le terroir est ce petit secret territorial, un véritable commun, que nous partageons avec quelques milliers d'autres habitant·es, installé·es ou de passage. Cette plus petite territorialité commune, c'est celle qui a mobilisé les mineurs du Nord, les sardinières de Douarnenez, les éleveurs du Larzac et même à certains égards les ouvrier·es de Sochaux des terroirs urbains[1] de Franche-Comté.

Aujourd'hui, la première référence connue du terroir, pour tout un chacun, est sans aucun doute son produit. Les produits du terroir inondent nos supermarchés. Le capitalisme en France a vite compris comment le label des terroirs était un instrument efficace pour vendre davantage, *ici* tout près de l'origine du produit lui-même, mais aussi *là-bas* comme une garantie d'origine et surtout une marque utilisée par la publicité visant à monétiser plutôt qu'à valoriser. Qui connaît l'amplitude du cahier des charges du roquefort ou de l'ossau-iraty ? Nous connaissons la valeur commerciale de ces marques, pas leur valeur artisanale et agricole. Pourtant le terroir, nous en parlerons en évoquant les différents contours de sa définition, c'est aussi le circuit court, le local, le respect de la vie non humaine, l'écoute des cycles et des climats, la communauté solidaire, la croissance limitée et la sobriété. Toutes ces dimensions-là convergent avec une écologie politique. Les vins naturels respectueux des cycles lunaires et des saisons, l'agriculture raisonnée, les bons fruits et légumes de

1 Le « territoire urbain »est un néologisme que je propose dans cet ouvrage.

nos marchés sont des terroirs évidemment écologiques dont on soupçonne peu la dimension sociale. Aujourd'hui, les petites exploitations maraîchères, paysans ou éleveurs, des Jardins de Cocagne aux autres entreprises sociales sont souvent des ateliers et chantiers d'insertion. De la vallée de Die jusqu'aux calanques de Cassis en passant par le bassin d'Arcachon ou le golfe du Morbihan, les hauts lieux du tourisme français ont aussi des communautés de résistance qui défendent la beauté à laquelle nous sommes attaché·es.

Ironie du sort, les riches résident·es secondaires de ces terroirs sont parfois complices des écocides qui s'opèrent là-bas, justement parce qu'ils et elles ne sont pas du terroir. Ni du sol, ni du sang, ces personnes consomment la beauté des paysages plutôt que de les habiter. Le terroir, lui, nous impose une relation permanente entre une culture, un espace, une communauté et une production. Cette quadruple relation est un mode d'habiter qui pour être fidèle au terroir doit nécessairement être ancré, lent, proche et respectueux de tous les équilibres vivants.

UN ESSAI POUR L'AVENIR

En synthétisant ici à la fois plusieurs décennies d'une passion ardente, mais aussi quelques mois de recherche intensive sur le sujet, des dizaines de lectures et plusieurs semaines de voyages dans nos terroirs, je voulais proposer un essai politique au service de nos combats, de notre gauche et de notre société fragmentée. Parce que le terroir n'appartient à personne et que nos luttes peuvent s'y ancrer, nous devons l'investir pour faire vivre la transmission de notre mémoire collective.

Ne jamais laisser aux identitaires la possibilité de détourner nos trésors culturels, investir le terroir pour penser l'avenir écologique et social, imaginer un terroir en dialogue avec le reste du monde : voilà ce que j'essaierai de faire dans cet ouvrage, en prenant le temps d'explorer les très nombreuses intersections qui existent entre le terroir et la gauche. Pour ne bouder aucun plaisir, je tâcherai aussi d'y mettre la saveur, la joie, le goût, l'odeur du terroir qui est pour beaucoup d'entre nous l'occasion de bonheurs partagés. Le terroir doit nous faire plaisir car il est comme un arbre qui déborde de générosité en nous donnant ses fruits.

CHAPITRE 1

LE TERROIR ÉCOLOGIQUE ET SOCIAL AUJOURD'HUI

DES VINS BIOS AUX MONNAIES LOCALES

Dans l'imaginaire collectif, le terroir peut évoquer chez certain·es un passé révolu. Il fait parfois naître une vague référence identitaire ou une association d'idées avec la droite conservatrice et les milieux réactionnaires, et il renvoie souvent aux « produits du coin », lorsque nous sommes en vacances, en France mais loin de chez nous.

Pourtant, l'actualité du terroir, c'est sa très grande dimension écologique et sociale à l'œuvre aujourd'hui. On ne trouvera d'ailleurs pas de documentaire récent qui évoque cette notion sans en développer les caractéristiques sociales et écologiques qui l'accompagnent. En témoigne cette récente série de Fred Chesneau, intitulée tout simplement *Les Terroirs*[1] : le cuisinier médiatique parcourt quatre terroirs de France (Champagne, Iraty, Trégor et Cantal) en y valorisant les chantiers d'insertion, les circuits courts et l'agriculture biologique qui s'y enracinent.

1 *Les terroirs de Fred Chesneau*, série documentaire diffusée sur Canal+ (réal. : Olivia Chiché). Après avoir exploré pendant des années le monde au travers de ses cuisines, Fred Chesneau s'est recentré sur l'Hexagone, en allant à la rencontre des agriculteur·ices, des pêcheurs et pêcheuses ou des cuisinier·es qui font la richesse des terroirs.

D'un point de vue géographique, le terroir est une étoile à quatre branches : l'espace, la communauté, la production et les traditions constituent les quatre aspects interdépendants à la source d'un terroir donné.

Le lieu d'abord (1), les gens ensuite (2), leurs pratiques (3) et enfin les fruits (4), au sens large, qui en découlent. Michel Lussault, géographe et professeur à l'université de Lyon, a cette formule pour en résumer la définition : « Le terroir, c'est la relation entre l'humain et son milieu. » Ces quatre branches se déclinent donc autour d'une frontière bien délimitée (1), parfois à la parcelle près (prenons le delta du Rhône, qui forme les marais de la Camargue) ; à laquelle une communauté (2) de personnes reconnaît appartenir et se dénomme comme telle (les Camarguais·es) ; en y vivant deux formes de cultures, celles des humains (3) d'abord (la vénération du taureau, les croix des gardians, les empègues[1], les fêtes votives, les courses camarguaises et les raseteurs et raseteuses) et celles du reste du vivant (4) ensuite (la viande bovine, les vins « sable-de-camargue », AOP depuis 2011, et surtout le sel de Camargue, IGP[2] depuis 2024). Le terroir n'est donc pas qu'un produit. C'est une interaction entre l'humain et son milieu. De cette interaction découlent certains fruits, au sens propre comme au sens figuré : les fruits de la vigne ou des arbres, et le fruit d'un savoir-faire.

Même s'il conviendrait, en toute rigueur, de ne jamais les séparer et de les traiter comme un bloc, faisons l'exercice hétérodoxe d'énoncer comment la gauche contemporaine investit ces quatre dimensions avec une proposition politique forte et identifiée.

1 Dans certains villages, on peut remarquer de petits dessins au pochoir qui encadrent les portes des maisons : on les nomme les empègues. Elles sont apposées par la jeunesse des villages à l'occasion des aubades (récolte de dons pour l'organisation de la fête votive).

2 AOP : appellation d'origine protégée ; IGP : indication géographique protégée.

1. Du point de vue de l'espace, on pense bien sûr au localisme et à son impact sur les circuits courts, ainsi qu'à l'émergence politique des biorégions[1] proposées par certain·es écologistes.
Ici, il sera question de la conception du territoire dans le respect des régions naturelles et des ressources plutôt que par le tropisme des métropoles et des plateformes multimodales, largement majoritaire aujourd'hui.

2. Concernant la communauté, nous explorerons les communautés vivantes à l'échelle de terroirs militants, au-delà des luttes les plus visibles. Nous présenterons des exemples de démocraties du terroir dans ces lieux innovants et tournés vers l'avenir.

3. Pour l'alimentation, nous regarderons bien sûr comment l'écologie et la justice sociale traversent déjà dans les faits les AOP et la production de nos vins et fromages, qui peuvent être des pionniers de l'industrie alimentaire à venir. Regardons aussi la proposition de subsistance au quotidien[2] et d'autosuffisance alimentaire des communautés locales.

4. Enfin, du point de vue des traditions, nous verrons que la gauche sait être fidèle à l'avenir en faisant émerger des mœurs territoriales tournées vers le rapport de force et la satisfaction du besoin des communautés. Nous pouvons nous interroger sur la faisabilité d'éventuelles AOP urbaines pour aller au bout de cette relation entre l'humain et son milieu.

1 Mathias Rollot et Marin Schaffner, *Qu'est-ce qu'une biorégion ?*, Wildproject, Marseille, 2021.

2 Geneviève Pruvost, *La Subsistance au quotidien. Conter ce qui compte*, La Découverte, Paris, 2024.

L'ESPACE DU TERROIR

LOCALISME

Si les notions d'appartenance, de tradition ou d'identité sont souvent les plus médiatiquement mobilisées pour parler du terroir dans notre société, le terroir est avant tout un endroit. C'est même, selon Michel Lussault, « le plus petit espace homogène géographiquement, à la fois du point de vue de la topographie et du climat ». Ces petits espaces sont très difficilement énumérables dans un pays comme la France. Le géographe, avec qui j'ai eu la chance de m'entretenir en préparation de ce livre, propose trois échelles différentes : la biorégion, le petit pays et le terroir – même si, en réalité, ces concepts ne sont pas tout à fait du même ordre. La région naturelle est centrée sur le climat, la topographie et la géomorphologie ; le terroir, autour des pratiques humaines influencées par les caractéristiques de la terre ; le petit pays, quant à lui, est davantage culturel ou identitaire, il est le fait d'une appartenance. On pourrait croire que le petit pays est la caractéristique spatiale du terroir, mais dans la pratique, sur un seul petit pays, il peut exister plusieurs terroirs constituant de plus petits espaces homogènes. En revanche, il n'y a pas plus petit que le terroir, à l'exception du village ou du clocher.

Si de récentes thèses en géographie parviennent à recenser quelque 500 petits pays[1], le terroir se situe donc à un échelon encore inférieur, ce qui porte à 1800 ou 2000 le nombre d'espaces géographiques homogènes que l'on pourrait qualifier de terroirs.

Par exemple, du plus grand au plus petit, la région naturelle de la vallée de l'Adour contient plusieurs petits pays, dont le Pays basque et le Béarn. Au sein du Pays basque, plusieurs autres pays émergent à leur tour : le Labourd, la Navarre

1 Les géographes Bénédicte et Jean-Jacques Fénié en listent 546, du pays d'Ach au pays d'Yveline. Leur confrère Frédéric Zégierman en dénombre pour sa part 426.

et la Soule. C'est dans cette toute petite ramification qu'on identifie ensuite les produits de l'Iraty ou de l'Ossau, qui sont typiquement des terroirs basques. Je me suis souvent rendu dans ce coin, en séjour ou en randonnée pour traverser les Pyrénées. J'ai été surpris de constater à quel point les bergers savent précisément de quel côté du col se situe quel pays, et la frontière naturelle et culturelle qui sépare l'Ossau de l'Iraty, le Pays basque du Béarn. Cette fine connaissance des habitant·es et des traditions est d'abord le fait d'une transmission orale. Il faut s'y rendre pour s'en apercevoir et l'entendre : aucune carte touristique ne peut restituer la subtilité de ce découpage terroiresque[1].

Le terroir aujourd'hui est donc d'abord le moyen de protéger cette réalité locale. Il incarne la plus petite appartenance palpable pour celles et ceux qui y résident. Il conditionne un vécu commun, une expérience partagée à laquelle on peut se référer tout au long de la vie. Le terroir est donc, notamment, un localisme (le fait de privilégier ce qui est local). Associé à celui-ci, les circuits courts émergent d'abord comme l'appropriation d'un endroit par ses habitant·es. C'est une solidarité avant d'être une économie de carbone : dans ces choix de localisme et de circuits courts, réduire le temps de transport et la pollution passe après le lien partagé.

Dans une époque marquée par une dépendance excessive aux chaînes d'approvisionnement globales, le localisme se présente comme une stratégie de réappropriation économique et culturelle. Il repose sur l'idée que les communautés peuvent renforcer leur autonomie en se concentrant sur la production et la consommation locales. Cette approche vise à réduire la dépendance envers les grandes corporations multinationales, qui exploitent souvent les ressources sans tenir compte des impacts environnementaux et sociaux. Le localisme défend une économie diversifiée, où les entreprises locales jouent un rôle central. En soutenant les producteur·ices, artisan·es

1 L'adjectif n'existe pas encore, nous tentons le néologisme.

et commerçant·es sur place, les communautés peuvent créer des emplois, maintenir les compétences locales et favoriser la cohésion sociale. De plus, une économie locale robuste est plus résiliente face aux crises économiques globales, car elle dépend moins des fluctuations internationales et plus de la solidarité et de l'adaptabilité locales.

Les circuits courts, définis comme des systèmes de distribution réduisant le nombre d'intermédiaires, sont une composante essentielle du localisme. En minimisant la distance parcourue par les produits, les circuits courts permettent une diminution significative de l'empreinte carbone liée au transport et favorisent une consommation plus écologique. De plus, ils encouragent une plus grande transparence dans les chaînes de production. Les consommateur·ices peuvent mieux connaître l'origine des produits et les conditions dans lesquelles ils ont été fabriqués, ce qui renforce la confiance et les liens. Cette proximité permet également de mieux valoriser les produits du terroir et les savoir-faire locaux, participant ainsi à la préservation du patrimoine culturel et gastronomique des régions. Le localisme et les circuits courts sont des vecteurs puissants pour la construction d'une économie plus équitable. Ils permettent de redynamiser les territoires, de renforcer les liens sociaux et de promouvoir une consommation plus respectueuse de l'environnement.

Lors de l'élection présidentielle de 2022, tous les partis politiques de la gauche écologiste, réunis au sein de la provisoire NUPES ont placé le circuit court et la production locale au cœur de leurs programmes. Le Parti socialiste a insisté sur l'agriculture locale non importée, le Parti communiste sur la réindustrialisation et l'économie circulaire, la France insoumise sur l'alimentation locale et les écoles, enfin Europe Écologie Les Verts a mis en avant l'agroécologie et l'alimentation. Dans tous les cas de figure, la pensée productive locale permet de réduire le carbone causé par les déplacements et les infrastructures de stockage, de restreindre l'accaparement des richesses dû à la multiplication des intermédiaires et enfin d'augmenter le sentiment démocratique par une forme d'appropriation de la souveraineté alimentaire. Certaines collectivités parlent même de « démocratie alimentaire ».

CRITIQUE DU TERRITOIRE

L'espace du terroir permet aussi de répondre à une critique croissante de la notion de territoire. Cette alternative à l'ancienne notion de « province » (qui qualifiait comme un tout uniforme tout ce qui, en France, n'est pas Paris) jouit d'une très grande popularité – trop politiquement correcte, selon moi.

Les trois principales critiques formulées par l'universitaire Frédéric Giraut[1] consistent à dire que le territoire est « réducteur, obsolète et mystifiant ». Géographe des territoires politiques et culturels, Frédéric Giraut travaille sur les frontières et la dénomination des lieux. Concrètement, le concept de territoire est réducteur parce qu'il ne tient pas compte de la mobilité et des rapports de domination en son sein, il est obsolète parce qu'il est de plus en plus remplacé par des réseaux et il est mystifiant car peu de réalités le concernent lui seul. Les enjeux des territoires sont souvent influencés par un contexte plus global.

Or, il est difficile de formuler les mêmes critiques vis-à-vis du terroir, qui semble échapper à cet écrasement par la mondialisation. Là où les territoires ont souvent été conçus comme un aménagement de l'espace par le haut, où le décideur public dessine à grands traits sur une carte des ZAC, des autoroutes et des gares pour connecter des métropoles et répartir les périphéries autour des centres, le terroir a fait le chemin exactement inverse. Le terroir émerge de la terre, comme la patrie pour la nation, il est défini par un climat qui est reçu de l'ordre naturel, il n'est que peu en réseau avec

1 Frédéric Giraut, « Conceptualiser le territoire », in *Historiens et Géographes*, n° 403, 2008, p. 57-68.

les autres mais réinvestit la notion de frontières de manière saine, comme un outil de protection d'une production ne pouvant être ni délocalisée ni transportée.

Pour Frédéric Giraut, il n'existe pas de définition socioculturelle du territoire, car celui-ci doit tenir compte de deux notions supplémentaires pour être pertinent : les notions du « pouvoir sur » et du « pouvoir dans » l'espace donné. Concrètement, lorsqu'un territoire est nommé comme tel, son appellation et son usage sont influencés par celles et ceux qui contrôlent ce territoire par le haut (notamment les législateur·ices, qui découpent un territoire en plusieurs territoires), mais aussi celles et ceux qui contrôlent au plus bas, qui ont dans le territoire la plus grande influence politique. Sans cette notion de pouvoir, le territoire risque de devenir un synonyme d'espace comme ce fut le cas à son apparition. L'espace serait une sorte de ressource finie, une quantité de lieux juxtaposés, là où le territoire serait une ressource interprétée et vivante par l'humain et le politique.

Le terroir a une définition dynamique qui dit déjà le lien, l'interaction entre l'humain et la nature. Il est certes plus petit, plus inductif, moins administré, moins délimité que le territoire, mais cela le rend plus libre, plus politique, plus authentique, plus humain.

De son côté, la géographe Claire Hancock[1] identifie un biais masculiniste dans la notion de territoire. Comme le territoire provient d'une façon d'exploiter un lieu – et non d'une façon de recevoir le fruit d'un lieu, comme c'est le cas pour le terroir –, elle considère que le territoire est déterminé par des siècles d'exploitation et donc de domination masculine. Comment pourrait-on faire de la géographie féminine ? s'interroge-t-elle. Pour cela, elle émet l'hypothèse d'une pensée des espaces libérée de l'exploitation et centrée sur le vécu relationnel.

1 Claire Hancock, « L'idéologie du territoire en géographie : incursions féminines dans une discipline masculiniste », in Christine Bard (dir.), *Le Genre des territoires : masculin, féminin, neutre*, Presses de l'université d'Angers, 2004, p. 165-174.

Une autre critique du territoire provient de la théorie des réseaux[1]. Marie-Christine Jaillet est directrice de recherche au CNRS. Spécialiste de la ville, elle a mené de nombreux travaux sur la périurbanisation, et en particulier sur les modes de vie pavillonnaires. Elle s'intéresse également à la « politique de la ville » et à la requalification des quartiers « en difficulté ». Selon elle, à l'ère du TGV, les modes de vie, mêmes locaux, ne s'organisent plus autour des territoires mais autour de l'accessibilité et de la mobilité. La force du terroir vis-à-vis de cette critique est d'être relativement résilient aux infrastructures. Concrètement, les lignes à grande vitesse traversent des territoires pour se rendre dans des terroirs. Mais les terroirs sont trop petits pour être détruits ou défigurés par ces édifices. Les infrastructures ont souvent été construites dans le sillage des bassins et des vallées. Or elles desservent des espaces inaccessibles à nos autoroutes et TGV, qui sont eux des terroirs cachés. Certes, il y avait des terroirs à l'emplacement des routes et du ferré, mais ces terroirs subsistent, cachés juste à côté. Le terroir est suffisamment subtil pour persister.

Je prends l'exemple de la plaine de l'Ain. Vue du ciel, cette plaine est défigurée par d'innombrables aménagements cherchant à relier la métropole de Lyon à celle de Genève. Trois énormes autoroutes s'y croisent, on y trouve l'un des plus grands viaducs du TGV Paris-Lyon-Marseille, au-dessus de Saint-Maurice-de-Beynost, la centrale nucléaire du Bugey profite de la zone plate tandis que les hangars logistiques d'Amazon et Carrefour fleurissent. Dans une conception territoriale, on voit une périphérie de Lyon, avec des territoires au service de la métropole lyonnaise (on parle de « territoire servant »), d'énormes ouvrages architecturaux reliant Paris à Marseille et Lyon à Genève, et une économie basée sur le plein emploi de l'énergie nucléaire au service du reste du

1 Marie-Christine Jaillet, « Contre le territoire, la "bonne distance" », in Martin Vanier (dir.), *Territoires, Territorialité, Territorialisation. Controverses et perspectives*, Presses universitaires de Rennes, 2009, p. 115-121.

pays. On peut d'ailleurs lire dans une gorge du Rhône, avant l'embouchure de l'Ain : « Le Rhône au service de la Nation », inscrit en lettres d'or sur une centrale hydroélectrique d'après-guerre. À l'échelle du territoire, il n'y a donc rien à tirer : ni tourisme, ni attractivité, ni histoire. Ce lieu n'est qu'un moyen pour d'autres – les centralités – de subvenir à leurs besoins. Pourtant, ici, le terroir résiste – mais il faut descendre un degré en dessous pour s'en apercevoir. Au-delà de l'espace dénommé la Côtière[1] et sa série de cinq communes entièrement connectées à Lyon comme une large périphérie, cette plaine de l'Ain dessert en réalité en quelques minutes trois terroirs historiques de notre pays, invisibles d'un point de vue territorial dans ce lieu assigné à être un point de passage ou de stockage. Ces terroirs sont la Dombes, le Bugey et la Bresse – où j'ai eu la chance de diriger, pendant quatre mois, une campagne législative en 2022.

Lorsque vous évoquez la plaine de l'Ain, ou même l'Ain directement en tant que département (01), vous rappelez à ses habitant·es leur ancrage administratif et économique, qui dit leur rôle de classe laborieuse au service des autres. Mais si vous évoquez la Dombes, la Bresse et le Bugey, surgit alors tout un imaginaire de souvenirs, de saveurs et de particularités qui rend fières des familles entières. La Bresse pour son poulet, le Bugey pour son vin et les premiers renforts du massif du Jura, avec ses vallées humides et son bracelet de collégiales romanes comme Ambérieu et Ambronay, la Dombes pour ses milliers de lacs issus du monachisme et créés artificiellement au Moyen Âge pour la pêche locale. Le territoire de l'Ain est une exploitation énergétique et logistique, les terroirs de la Bresse, de la Dombes et du Bugey sont une histoire, une

1 La Côtière n'est pas à proprement parler un terroir historique car son appellation est assez récente. Elle est en fait ce relief naturel créé par le passage du Rhône au pied de la Dombes, qui est elle-même un ancien glacier affaissé. La Côtière est donc ce coteau très abrupt mais de petite altitude – environ 100 mètres –, qui sépare le plateau de la Dombes jonché de marais et les rives du Rhône, frontière entre l'Ain et l'Isère.

relation avec le passé, un lien avec le présent, un comptoir pour raconter sa journée.

Enfin, la dernière critique du territoire est formulée par Denis Retaillé[1], qui parle de « fictions géographiques »[2]. Il en énumère trois : la frontière, le territoire et l'aire culturelle. Pour lui, ces notions tiennent de la nécessité d'administrer et de répartir la gestion administrative des lieux et des personnes pour ne pas engendrer de conflits avec l'administration voisine. Mais ce découpage ne tient pas compte de la réalité des sols. Le terroir, lui, en respectant sols et climats, a le défaut d'être moins précis car les vents et les terrains se meuvent, vivent et se déplacent. Mais il a l'avantage d'être plus réel.

Dans *La Nouvelle Économie géographique*, les économistes Matthieu Crozet et Miren Lafourcade[3] explorent les mécanismes qui favorisent l'agglomération des activités économiques et la formation des espaces économiques contemporains. Le livre s'appuie sur les théories développées dans les années 1990 (notamment celles de Paul Krugman[4]), pour comprendre comment les entreprises et les populations se concentrent géographiquement, et quelles en sont les conséquences. L'ouvrage examine pourquoi certaines régions, comme l'Île-de-France, concentrent une proportion importante des entreprises et des activités économiques. Il discute des avantages de première nature (comme la localisation) et des externalités d'agglomération (les bénéfices engendrés par la proximité géographique). L'idée d'une nouvelle économie géographique offre une perspective neuve sur l'importance de l'espace dans l'analyse économique.

1 Denis Retaillé est un géographe français, professeur à l'université de Bordeaux-III.

2 Jacques Lévy, « Territoire », in Jacques Lévy et Michel Lussault (dir.), *Dictionnaire de la géographie et de l'espace des sociétés*, Belin, Paris, p. 907-910.

3 Matthieu Crozet et Miren Lafourcade, *La Nouvelle Économie géographique*, La Découverte, Paris, 2009.

4 Paul Krugman est un économiste américain. Il a obtenu le prix Nobel 2008 pour avoir montré « les effets des économies d'échelle sur les modèles du commerce international et la localisation de l'activité économique ».

Elle met en lumière les forces centripètes (qui favorisent la concentration) et centrifuges (qui favorisent la dispersion) façonnant les espaces économiques. Cette nouvelle économie peut permettre de passer d'une critique du territoire à une nouvelle façon de le concevoir, notamment en intégrant les terroirs.

BASSINS VERSANTS ET LIGNES DE PARTAGE DES EAUX

Mon exploration des terroirs m'a permis de découvrir qu'aucun terroir n'a de double appartenance hydrographique. Le terroir, respectueux du sol et du climat, est donc aussi respectueux de l'eau et de son cycle naturel. Comment un seul département, la Saône-et-Loire (71) par exemple, peut-il contenir en son sein à la fois le bassin versant de l'Atlantique et de la Méditerranée en étant délimité à l'ouest par la Loire qui coule vers le nord, et traversé à l'est par la Saône qui se jette un peu plus au sud dans le Rhône à Lyon ? La réponse se trouve dans la non-prise en compte des bassins versants. Il existe bien une administration hydraulique, mais elle n'est qu'hydraulique justement (alors qu'elle pourrait être politique), délimitant onze bassins hydrographiques répartis en six grandes familles : l'Artois, la Seine, le Rhin, la Loire, la Garonne et le Rhône. Chacun de ces bassins converge vers une mer dans laquelle se jette l'ensemble des cours d'eau qui le composent. Séparant ces bassins entre eux et délimitant le tracé des rivières et des rigoles, les lignes de partage des eaux sont des points en altitude traversant crêtes et cols et permettant d'identifier de quel côté de la montagne coule l'eau à cet endroit. Le plateau de Langres fait ainsi figure de ligne principale de partage des eaux, car c'est dans ses soubassements que se séparent six grands bassins et que se matérialise une France en six méta-vallées, en quelque sorte.

Si les territoires s'accommodent franchement de ne pas savoir s'ils respectent ou non les bassins versants et les lignes de partage des eaux, les terroirs, en revanche, en sont particulièrement respectueux.

Carte des bassins versants

Les bassins versants, définis comme les zones géographiques drainées par un cours d'eau et ses affluents, représentent une unité naturelle de gestion des ressources en eau. L'un des principaux atouts de l'administration basée sur les bassins versants est la gestion intégrée des ressources en eau. Les bassins versants constituent des systèmes hydrologiques cohérents, où toutes les activités humaines et naturelles affectent la qualité et la quantité de l'eau disponible. En administrant un territoire selon eux, il devient possible de coordonner les différents usages de l'eau, tels que l'agriculture, l'industrie, l'approvisionnement en eau potable et la conservation des écosystèmes aquatiques. Cela permet de minimiser les conflits entre ces usages et de garantir une utilisation équitable et durable des ressources en eau.

Les bassins versants jouent un rôle crucial dans la préservation des habitats naturels et de la biodiversité. En adoptant une gestion territoriale qui respecte les limites naturelles des bassins versants, il est possible de protéger les zones humides et les forêts riveraines. Cette approche favorise la connectivité écologique, permettant aux espèces de migrer et de s'adapter aux changements environnementaux, et elle aide à prévenir l'érosion des sols et la pollution des cours d'eau, contribuant ainsi à la santé globale des écosystèmes. Sur un autre plan, la gestion par bassins versants encourage une gouvernance plus participative et inclusive. En impliquant les communautés locales, le monde agricole, les entreprises et les gouvernements régionaux dans la gestion de leur bassin versant, il est possible de promouvoir une prise de décision plus démocratique et éclairée. Cette approche permet de tenir compte des connaissances locales et des besoins spécifiques des habitant·es, renforçant ainsi la légitimité et l'efficacité des politiques de gestion.

Dans son ouvrage sur *L'Indécence urbaine*, le géographe Guillaume Faburel[1] démontre comment l'écologie politique doit s'appuyer sur un métabolisme territorial qui tient compte de la géomorphologie et des propriétés climatiques d'un lieu pour y construire une autonomie durable. Cette proposition s'inscrit dans une critique acerbe du développement de la ville comme pierre angulaire de notre façon de faire société alors qu'elle est probablement la plus mortifère pour le vivant dans

1 Guillaume Faburel est géographe, professeur à l'université Lyon-II et chercheur au sein du laboratoire Triangle. Il est l'auteur des *Métropoles barbares* (prix du Livre d'écologie politique) et de *Pour en finir avec les grandes villes. Manifeste pour une société écologique post-urbaine*, tous deux parus aux éditions du Passager clandestin, en 2019 et 2020, respectivement. Son ouvrage *L'Indécence urbaine* est paru chez Flammarion en 2023.

son ensemble (y compris nous-mêmes), et surtout la moins soutenable en termes de gestion et d'accès à nos ressources. Une organisation territoriale autour des bassins versants et des terroirs permettrait de matérialiser une gestion démocratique des ressources et d'organiser la vie humaine avec une gouvernance alignée sur nos besoins vitaux plutôt que sur les besoins urbains, comme c'est le cas actuellement. À ce sujet, l'obligation pour les communes de rejoindre depuis 2015 une intercommunalité a permis de faire émerger des communautés de communes dont l'intitulé et l'espace coïncident plus ou moins avec la spatialité des terroirs. Cette proximité est vertueuse, dans le sens où elle fonde les prémices d'une démocratie terroiresque qui permettra de tirer du terroir la meilleure compréhension d'un lieu.

LES BIORÉGIONS

Le concept de biorégion émerge comme une réponse holistique aux défis environnementaux et sociaux. Une biorégion est définie par ses caractéristiques naturelles – climat, géographie, flore et faune – et par l'interconnexion de ces éléments avec les cultures humaines qui y vivent. Une définition qui n'est pas très loin, en somme, de celle du terroir, l'identité en moins : le terroir intègre toutes les caractéristiques d'une biorégion, auxquelles s'ajoute un sentiment d'appartenance centré sur la transmission. Cette approche propose une organisation sociétale alignée sur les limites écologiques naturelles plutôt que sur les frontières politiques artificielles.

Organiser une biorégion autour des terroirs implique une reconnaissance et une valorisation des pratiques locales. Cela pourrait signifier la promotion de l'agriculture biologique et des circuits courts, renforçant ainsi l'autonomie alimentaire et la résilience économique des communautés. En misant sur les savoir-faire traditionnels et les produits locaux, les biorégions stimuleraient une économie durable tout en préservant le patrimoine naturel et culturel. L'un des principaux avantages de l'organisation en biorégions est la possibilité de gérer les ressources naturelles de manière plus appropriée. En intégrant les connaissances locales et les pratiques durables, les communautés répondraient mieux aux défis environnementaux liés au changement climatique et à la perte de biodiversité.

En miroir, les régions administratives françaises sont parfois considérées comme rigides et peu respectueuses des cultures locales, car souvent basées sur des critères administratifs plutôt que culturels ou historiques. Ainsi, la fusion des régions en 2016 a créé des entités comme le Grand Est, qui regroupe l'Alsace, la Lorraine et la Champagne-Ardenne. Cette fusion a été critiquée car ces régions ont des identités culturelles et historiques distinctes. L'Alsace, avec ses traditions germanophones, se sent souvent négligée dans ce grand ensemble. De même, la Bretagne administrative exclut la Loire-Atlantique, malgré son histoire et sa culture bretonne, ce qui cause des frustrations. Ces réorganisations peuvent ainsi diluer les particularités locales au profit de découpages perçus comme arbitraires. Une immense région comme l'AuRA (Auvergne-Rhône-Alpes) se retrouve à cheval sur deux massifs montagneux aux identités fortes et enjambe la vallée du Rhône, sans pour autant embrasser aucun de ces trois espaces en entier : une partie du Massif central est en Aquitaine, les Alpes débordent largement sur la région PACA, tout comme le Rhône. On comprend donc que cette région est une fiction construite autour de Lyon et de l'axe commercial du Rhône pour sa moitié nord, la moitié sud étant confiée à Marseille. L'Ain (01) lui-même, que nous évoquions plus haut, est géologiquement dans le Jura, culturellement en Bourgogne élargie (avec une petite influence du Dauphiné) et administrativement désormais en AuRA. Difficile de comprendre à Bourg-en-Bresse pourquoi on se trouve dans la même région qu'Aurillac, dans le Cantal (15).

TERRITOIRES CONTRE POPULATION

Dans son dernier ouvrage, *Faites mieux !*[1], Jean-Luc Mélenchon propose une réflexion très juste de ce que le territoire produit contre les populations. Dans le sillage de ce que nous évoquions plus haut avec l'exemple de la plaine de l'Ain, le leader insoumis souligne comment les territoires sont en fait bâtis au service du capitalisme et aux dépens des gens. Les découpages sont faits selon les entreprises et la fiscalité des territoires plutôt que selon les attentes de la population. L'émergence récente de la concertation tend à contrecarrer cette logique productiviste. Les consultations ont toujours été obligatoires pour certains chantiers, notamment les plus dangereux, mais les collectivités n'ont entrepris que récemment de pratiquer l'écoute des habitant·es. Parler de population est une parfaite transition pour aborder désormais la communauté du terroir.

LA COMMUNAUTÉ DU TERROIR

N'oublions pas les quatre branches du terroir : un lieu, des gens, une production spécifique liée à une terre et un climat, et enfin la transmission de traditions et de pratiques. Les spatialités du terroir sont clairement au service d'un projet écologique de société, mais les communautés terroiresques le sont encore davantage ! Les identités issues des terroirs depuis la Révolution ont été au cœur d'un projet de gauche progressiste et post-capitaliste. Et aujourd'hui, des communautés enracinées sur un territoire forment un terroir de luttes contemporaines.

1 Jean-Luc Mélenchon, *Faites mieux ! Vers la Révolution citoyenne*, Robert Laffont, Paris, 2023.

Cet ancrage dans une terre à partir de laquelle lutter est directement lié au droit du sol – à l'origine de la conception de gauche de la nation et de la communauté. C'est la vie dans un lieu, avec un lieu et pour un lieu qui légitime son lien à celui-ci, et non pas la filiation raciale et biologique d'ancien·nes propriétaires déconnecté·es d'un terrain. En gros, l'adoption de la terre par ses habitant·es prime sur la propriété de la terre par des personnes absentes. C'est tout le dilemme des résidences secondaires[1] qui apportent une abondance économique saisonnière à certains territoires, mais qui détruisent aussi la légitimité du sol comme garante de la cohabitation humaine. Leurs propriétaires peuvent avoir des rapports très différents avec le lieu où se trouve leur maison : parfois purement consommateurs, ne tirant que le meilleur de l'endroit sans rien donner en retour, parfois respectueux voire hybrides, en vivant une partie de l'année avec la communauté.

MONNAIES LOCALES

Pour une communauté d'appartenance, un des moyens de se reconnaître et de se distinguer est de disposer d'un médium d'échange en commun. À ce titre, la monnaie locale est souvent un moyen très efficace de construire une communauté autour du terroir et de mettre le terroir au service d'une forme d'indépendance vis-à-vis du libéralisme. Les « monnaies locales complémentaires » (MLC) en France connaissent un essor remarquable, devenant des outils puissants pour promouvoir l'économie locale, renforcer les liens communautaires et encourager les pratiques durables. En voici quelques-unes en détail :

1 58% des Français sont propriétaires d'une maison, mais seulement 13 % disposent d'une maison secondaire. Plus de 40 % des Français ne sont propriétaires ni d'une maison ni d'un appartement.

La gonette : lancée en 2015 à Lyon, c'est l'une des monnaies locales les plus connues en France. Elle travaille avec des entreprises locales, des associations et des municipalités pour créer un réseau solide de prestataires. En plus des billets physiques, la gonette dispose d'une version numérique facilitant les transactions et élargissant son accessibilité.

L'eusko : celle qui est aujourd'hui la plus grande monnaie locale d'Europe a été lancée en 2013 au Pays basque. Elle est acceptée par plus de 1 000 entreprises et associations. L'eusko est gérée par une association démocratique où chaque membre a une voix, renforçant l'adhésion et l'engagement communautaire. Des partenariats avec des institutions locales, telles que des municipalités et des écoles, facilitent l'adoption et l'utilisation de la monnaie. L'eusko incite à des pratiques écologiques en offrant des bonus à celles et ceux qui réalisent des actions concrètes pour l'environnement.

Le sol-violette : lancée en 2011 à Toulouse, cette monnaie propose des formations aux commerçant·es et aux citoyen·nes pour les sensibiliser aux enjeux de l'économie solidaire, et intègre des projets sociaux, tels que l'inclusion des personnes en situation de précarité. Une collaboration étroite avec la mairie de Toulouse a permis d'intégrer la monnaie dans divers aspects de la vie publique locale.

La doume : lancée en 2015, cette monnaie est utilisée dans le département du Puy-de-Dôme (63). Des campagnes de sensibilisation et des ateliers pédagogiques sont menés pour promouvoir une économie responsable et inciter à des pratiques écologiques, comme l'utilisation de produits locaux et biologiques.

La pêche : cette monnaie locale de Montreuil et de l'Est parisien a été lancée en 2014 pour dynamiser l'économie locale. La pêche soutient les initiatives locales et les entreprises solidaires. Elle est aussi accessible aux personnes en situation de précarité grâce à des dispositifs spécifiques.

COMMUNAUTÉS TERROIRESQUES

En France, de nombreux îlots de résistance contre le pessimisme et la toute-puissance du capitalisme émergent à grande vitesse. En réfléchissant à cette question, j'ai pensé notamment au Jovinien, c'est-à-dire les alentours de Joigny dans le pays d'Othe, un morceau de l'Yonne (89), à une heure de Paris en TER. Depuis quelques années, beaucoup de mes connaissances, issues des milieux militants pour le climat ou la justice sociale, y emménagent ou s'y installent provisoirement. Cette terre, politiquement d'extrême droite du point de vue de la députation, est devenue le laboratoire de nouvelles expérimentations radicales. L'effet boule de neige provoqué par la présence d'une Bascule[1] et le soutien de la propriétaire du château du Feÿ ont entraîné une nouvelle attractivité pour des activistes nomades, en quête d'un ancrage ponctuel.

Ce territoire dispose bien sûr d'une communauté de communes du même nom, mais aussi d'une association, créée en 2022 pour fédérer un fleurissement d'initiatives alternatives. L'association, baptisée Convergence des possibles, est structurée autour de six projets phares installés dans les environs de Joigny : le château du Feÿ, la C3V Maison citoyenne, la CasBa, le Maillet (un *fab lab*), l'association Renaissance Joigny et Scani (Société coopérative d'aménagement numérique). Tous sont des projets de résistance au capitalisme financier qui proposent des modèles économiques et coopératifs alternatifs.

En faisant ces recherches sur Joigny, j'ai bien sûr pensé aussi au Mâconnais que je connais mieux pour y avoir séjourné plus de trente fois depuis 2008. Je pense à Taizé, village

1 Le mouvement des Bascules, initié par Maxime de Rostolan, est un réseau de lieux écologiques, autogérés, militants et préfigurateurs d'un monde d'après. Ce sont des habitats partagés qui possèdent en général toute une série de ressources pour augmenter leur autonomie et leur subsistance : gratuiterie, atelier, jardin, potager, salles de réunion, cuisines collectives, etc. Il y a une Bascule à Joigny, installée dans une ancienne caserne militaire. La Caserne Bascule est donc devenue, par diminutif, la CasBa, qui se prononce comme la casbah en arabe.

investi en 1940 par Frère Roger dans le contexte tumultueux de la Seconde Guerre mondiale. Celui-ci ressentait un appel profond à créer un lieu de réconciliation et de paix. Il acheta une maison dans ce petit village bourguignon, où il commença à accueillir et à aider celles et ceux qui étaient affecté·es par le conflit. Dès le début de la guerre, Frère Roger et sa sœur, Geneviève, s'engagèrent activement dans des actions de résistance et de solidarité. Conscient des persécutions subies par la population juive sous l'occupation nazie, Frère Roger ouvrit sa maison pour accueillir et cacher des réfugié·es, leur offrant un abri sûr loin des regards indiscrets des autorités nazies. Avec sa sœur, ils mirent en place des réseaux de soutien pour fournir de la nourriture, des faux papiers, et d'autres formes d'aide essentielles aux réfugié·es. La maison de Taizé devint un refuge discret, utilisant des précautions extrêmes pour éviter les soupçons des autorités allemandes et des collaborateur·ices. Découvert en 1942, Frère Roger dut fuir Taizé temporairement pour Genève, tandis que sa sœur Geneviève continuait à soutenir les réfugié·es. Après la guerre, il retourna à Taizé, où il élargit la communauté, accueillant de jeunes hommes souhaitant vivre une vie de simplicité, de prière et de travail. C'est ainsi que la communauté de Taizé devint un symbole de réconciliation, attirant des milliers de jeunes du monde entier chaque année pour des retraites et des rencontres œcuméniques.

Ces actions courageuses de Frère Roger pendant la guerre, ainsi que son engagement pour la paix et la réconciliation après le conflit, ont laissé un héritage durable, faisant de Taizé un lieu emblématique de fraternité et de spiritualité. Depuis sa fondation, Taizé a toujours accueilli des réfugié·es, en permanence, dans plusieurs maisons du village, en leur proposant un rôle agricole ou professionnel utile à toute la communauté. Ainsi, des voisin·es parfois tenté·es par le repli identitaire ont été confronté·es à des rencontres qui ont changé leur vie et leur vision de la migration. Le Mâconnais est l'un des seuls terroirs où j'ai trouvé une trace de démocratie explicite autour du terroir lui-même. Il existe carrément une Maison du terroir et de la démocratie. Dans cette Maison, les personnes dont l'activité professionnelle est liée au terroir (c'est-à-dire principalement des agriculteur·ices mais aussi celles et ceux qui travaillent dans la restauration, l'hôtellerie, l'artisanat, des fonctionnaires des communes, etc.) peuvent se réunir et délibérer des actions ou dispositifs qu'elles souhaiteraient voir portés à l'échelle du terroir. La communauté de communes, qui est l'instance administrative légitime, s'inspire ensuite des recommandations qui y sont émises.

Le Mâconnais est par ailleurs célèbre pour ses vins blancs, principalement élaborés à partir de chardonnay. Ses vins, tels que le mâcon-villages et le pouilly-fuissé, sont réputés pour leur fraîcheur, leur minéralité et leurs arômes de fruits blancs et de fleurs. Le terroir ici se distingue par une combinaison unique de sols, de climat et de savoir-faire viticole, conférant aux vins une identité propre. Ses sols variés, allant des calcaires du Jurassique aux marnes et aux sables, influencent la diversité et la complexité des vins produits. Le climat semi-continental avec des influences méditerranéennes favorise lui une maturation optimale des raisins. Enfin, les vignerons du Mâconnais adoptent des pratiques à la fois traditionnelles et modernes pour tirer le meilleur parti de leur terroir. Beaucoup se tournent même vers des méthodes biologiques et biodynamiques pour préserver la santé des sols et la qualité des raisins.

À ce sujet, le vignoble de Bourgogne est le seul des quinze vignobles français à utiliser la notion de « climat » dans un sens qui n'est employé nulle part ailleurs. Le concept de climat en Bourgogne désigne l'ensemble des caractéristiques géologiques et terrestres qui définissent les couches sur lesquelles la vigne prend racine. La subtilité avec laquelle les 1 247 climats de Bourgogne sont comptabilisés, étudiés, cultivés et recensés est une forme d'engagement terroiresque atypique et très caractéristique des terroirs bourguignons comme le Mâconnais, le Chalonnais et l'Auxois. Ces climats figurent depuis 2015 au patrimoine de l'Unesco.

On observe que la démocratie locale dans le Mâconnais se manifeste à travers diverses initiatives. Les villages et petites villes du Mâconnais organisent régulièrement des conseils de quartier et des assemblées communales où les résident·es peuvent discuter des projets locaux, des budgets municipaux et des initiatives de développement durable, une gouvernance participative qui permet aux voix citoyennes d'être entendues. Des projets locaux visant à préserver l'environnement et à promouvoir le développement durable impliquent souvent une large participation. Par exemple, des initiatives pour protéger les vignobles contre les effets du changement climatique, promouvoir l'agriculture biologique et maintenir la biodiversité sont souvent discutées et approuvées par les communautés locales. Les fêtes des vendanges et autres événements viticoles permettent non seulement de célébrer le terroir, mais aussi de renforcer la cohésion sociale et de discuter des enjeux liés à la viticulture et à la ruralité. Comme dans toutes les régions viticoles, on retrouve dans le Mâconnais l'organisation de vendanges manuelles, de fêtes des grands crus, de la taille de la vigne, avec pique-niques dans les vignes. Une célébration plus spécifique illustre ce terroir : une fête en l'honneur de saint Vincent, le patron des vignerons, est organisée de façon tournante chaque année dans un village différent du Mâconnais. Cet événement comprend des processions, des messes, des dégustations de vin et des festivités qui célèbrent la culture viticole.

Dans le même esprit, ce qui s'est développé à Genouilly autour de la Maison du terroir constitue une initiative remarquable, qu'il convient de décrire en détail. Genouilly est un petit village situé en pleine région viticole de la Bourgogne, dans le département de Saône-et-Loire (71). Bien qu'il ne soit pas aussi médiatisé que d'autres vignobles de Bourgogne (comme la côte de Nuits), Genouilly produit des vins de qualité.

Les sols y sont principalement composés de calcaires et d'argiles, typiques de la région bourguignonne. Ils sont bien drainés, ce qui est favorable à la culture de la vigne, permettant aux racines de pénétrer profondément et d'absorber des minéraux essentiels. Le climat est continental avec des influences semi-continentales. Les hivers sont froids et les étés chauds, avec des variations de température importantes entre le jour et la nuit. Ce climat permet une maturation lente et régulière des raisins, favorisant la concentration des arômes et des saveurs. Les principaux cépages cultivés à Genouilly sont le pinot noir pour les vins rouges et le chardonnay pour les vins blancs. Ces cépages, emblématiques de la Bourgogne, s'y expriment particulièrement bien. Les vigneron·nes de la région s'efforcent de maintenir un équilibre entre les rendements et la qualité des raisins. Les vins rouges de Genouilly, issus du pinot noir, présentent des arômes de fruits rouges, de cerise, avec des notes épicées et une structure tannique fine. Les vins blancs offrent des arômes de fruits à chair blanche, de fleurs et parfois des notes minérales. La qualité de la production viticole reflète le savoir-faire des vigneron·nes et la richesse du terroir bourguignon.

En 1992, dans ce village de Genouilly, l'association Rencontres et animations rurales a inauguré une Maison du terroir, visant à animer l'espace rural et à promouvoir la culture pour tous·tes. Dans une ancienne ferme réhabilitée, le public est accueilli autour de plats typiques de la région. La Maison propose également des expositions et des ateliers comme celui sur la résolution de conflits, illustrée par le « conflit des chaises », une tradition observée lors de la fête de la Saint-Vincent tournante. Chaque confrérie de vignerons cherche à placer sa statue dans un endroit d'honneur, souvent une chaise ou un banc spécifique. Le « conflit des chaises » est une illustration de l'esprit de camaraderie et de compétition qui règne parmi les vigneron·nes bourguignon·nes, tout en célébrant leurs traditions séculaires et leur culture viticole unique.

La Maison du terroir se distingue par la mobilisation de 7 professionnel·les et de nombreux bénévoles, rassemblant 40 communes et environ 3 000 habitant·es autour d'un projet culturel intergénérationnel et interculturel. Avec des adhérent·es de diverses nationalités (venu·es d'Allemagne, du Royaume-Uni, de France, des Pays-Bas, de Suisse...), la Maison favorise les échanges culturels et l'inclusion. Elle propose une programmation riche, avec des spectacles réguliers et des festivals thématiques. Avec un modèle de cohésion et de mobilisation citoyenne, elle montre qu'il est possible d'animer une région rurale éloignée des centres culturels urbains et de favoriser le vivre-ensemble dans un cadre démocratique et coopératif. Cette expérience a inspiré des participant·es kosovar·es à envisager des projets similaires dans leur propre pays, illustrant la puissance des initiatives communautaires pour la paix et la coopération. La Maison du terroir de Genouilly représente un exemple réussi de revitalisation rurale et de promotion de la culture par l'engagement communautaire et les échanges interculturels.

Dans le Finistère, la petite commune de Douarnenez semble elle aussi battre le rappel dans une forme de ville utopique où activistes et militant·es se réunissent. Douarnenez est l'une des grandes places du terroir de Cornouaille, un petit pays du Finistère administratif. Douarnenez, ville portuaire de Bretagne, est devenue un bastion de gauche grâce à une combinaison d'histoire ouvrière, de luttes sociales et d'engagement culturel. Douarnenez a une longue tradition de pêche et de conserverie de sardines. Les conditions de travail difficiles et les salaires bas ont poussé les ouvriers et ouvrières à s'organiser pour défendre leurs droits (nous y reviendrons au chapitre suivant). Ces luttes ont marqué les esprits et contribué à une conscience de classe. La tradition syndicaliste est très ancrée à Douarnenez. Les syndicats ont joué un rôle clé dans les luttes sociales et la défense des droits des ouvrier·es, renforçant ainsi l'orientation politique à gauche de la population. Créé en 1978, le Festival du cinéma de Douarnenez aborde des thèmes sociaux, politiques et culturels. Il est devenu un lieu de rencontre pour les activistes et les intellectuel·les de gauche, favorisant les débats et les échanges d'idées. Douarnenez a attiré de nombreux artistes et intellectuel·les progressistes, dont la présence et les activités ont contribué à ancrer la ville dans une tradition de pensée contestataire et critique. Douarnenez a vu la création de nombreuses coopératives et entreprises d'économie sociale et solidaire, favorisant un modèle économique alternatif et inclusif. La ville a également été influencée par les mouvements écologistes, qui trouvent un écho dans les préoccupations des habitant·es pour la protection de leur environnement et des ressources marines.

Juste à côté de Douarnenez, une autre communauté terroiresque a surgi autour de la mer d'Iroise, dans un contexte différent : celui d'un parc naturel marin. La France compte aujourd'hui 58 parcs naturels régionaux, 11 parcs nationaux et 8 parcs naturels marins – ces derniers étant une spécificité française, absente des autres grands pays où existent des parcs nationaux, comme les États-Unis. Le premier parc national marin de France a été créé en 2007 sur la mer d'Iroise, qui baigne le littoral entre les trois pointes du trident de la Bretagne. Situé au large de la pointe de la Bretagne, il couvre une vaste zone marine englobant les îles d'Ouessant, de Molène et l'archipel de Sein. Le parc abrite l'une des zones les plus riches en biodiversité marine de France, incluant des espèces emblématiques comme les phoques gris, les dauphins communs et des oiseaux marins qui viennent y nicher et s'y nourrir, comme les fous de Bassan. La protection de ces espèces passe par celle des habitats marins variés, tels que des herbiers de zostères, des récifs rocheux et des fonds marins sableux. Ces écosystèmes sont essentiels pour la reproduction et l'alimentation de nombreuses espèces marines. Le parc promeut des pratiques de pêche durable pour préserver les stocks de poissons et soutenir les communautés locales vivant de la pêche. Des quotas et des périodes de repos biologique sont mis en place pour certaines espèces. Le parc travaille avec les différentes activités (pêche, aquaculture, conchyliculture...) pour concilier développement économique et protection de l'environnement. Il sert de laboratoire à ciel ouvert pour la recherche scientifique, permettant de mieux comprendre les écosystèmes marins et les impacts des activités humaines. Des programmes de surveillance sont mis en place pour suivre l'état de santé des habitats et des populations d'espèces, ainsi que pour détecter les changements environnementaux. La région est parsemée de phares historiques, tels que le phare de la Jument et le phare du Créac'h, symboles de la riche histoire maritime bretonne. Les pratiques de pêche traditionnelle, comme la pêche à pied et les techniques de pêche artisanale, sont préservées et valorisées dans le parc. La gestion du parc implique une forte participation de chacun·e – hommes et femmes pêcheurs, scientifiques, élu·es et associations. Cette approche collaborative garantit que les décisions prises respectent les besoins des communautés locales et les objectifs de conservation.

Enfin, je ne peux pas parler de communautés terroiresques sans évoquer la vallée de Die. Chaque année depuis 2021, j'y célèbre mon anniversaire avec mes plus proches ami·es et j'ai souvent l'occasion d'y emmener des groupes liés à mes différents engagements pour un séminaire au vert. La vallée de Die, située dans la Drôme, en région Auvergne-Rhône-Alpes, est devenue une vallée militante de gauche grâce à une convergence de facteurs historiques, économiques et sociaux. Pendant la Seconde Guerre mondiale, la région de Die a été un bastion de la Résistance française du Vercors, le nom du massif montagneux situé à cet endroit. Cet héritage de lutte contre l'oppression a laissé une marque durable sur la culture locale. Historiquement, l'économie de Die était basée sur l'agriculture et la viticulture, notamment la production de la clairette-de-die. C'est le terroir du Diois qui a fait cette vallée. Les crises agricoles ont poussé les habitant·es à chercher des alternatives et à développer des pratiques durables. Nombre d'exploitations de la vallée de Die se sont converties à l'agriculture biologique et biodynamique. Cette transition est souvent motivée par des préoccupations écologiques et de santé. La vallée abrite plusieurs coopératives agricoles, comme la coopérative de la clairette-de-die, qui favorisent des pratiques respectueuses de l'environnement et une gestion collective des ressources. La région utilise ses ressources naturelles pour développer des projets de micro-hydroélectricité, exploitant les cours d'eau locaux pour produire de l'énergie renouvelable. Les habitant·es ont également investi dans des installations solaires, tant pour les habitations individuelles que pour les bâtiments publics. De nombreuses entreprises locales fonctionnent selon des principes coopératifs et solidaires, dans l'agriculture, l'artisanat et les services. La vallée encourage les circuits courts et les marchés locaux, permettant la vente directe et renforçant l'économie locale. La vallée de Die accueille plusieurs écoles alternatives, inspirées par des pédagogies progressistes qui mettent l'accent sur l'écologie, la coopération et la créativité. Des festivals et des événements culturels, tels que le festival Est-Ouest, promeuvent la diversité culturelle, les échanges d'idées et la sensibilisation aux enjeux sociaux et environnementaux. La vallée de Die a élu plusieurs représentant·es écologistes et de gauche, qui soutiennent des politiques favorisant la transition écologique, la justice sociale et le développement durable.

Aux portes du Diois, sur les bords de la Drôme, s'étend aussi la Biovallée. Ce projet de développement durable est né d'une initiative locale rassemblant des élu·es, des entreprises, des associations et des citoyen·nes, pour répondre aux défis environnementaux et socio-économiques de la vallée de la Drôme. Le projet a rapidement gagné en reconnaissance, devenant un modèle national pour le développement durable. La vallée de la Drôme est aujourd'hui l'une des régions les plus importantes pour l'agriculture biologique en France. La Biovallée soutient les agriculteur·ices bios et favorise la conversion des exploitations conventionnelles. Elle encourage des circuits courts et des marchés locaux pour promouvoir la consommation de produits locaux et réduire l'empreinte carbone. Elle développe des projets d'énergie renouvelable (solaire, éolienne et hydroélectrique) pour réduire la dépendance aux énergies fossiles. Elle promeut l'efficacité énergétique dans les infrastructures publiques. Elle encourage des modèles d'entreprises coopératives et de l'économie sociale et solidaire pour renforcer la résilience économique locale. Elle développe l'écotourisme, pour valoriser les atouts naturels de la région tout en respectant l'environnement et les cultures locales. Elle favorise la construction d'écoquartiers qui intègrent des principes de durabilité, comme les bâtiments à haute performance énergétique (HPE), les espaces verts et les infrastructures de mobilité douce. Elle met en place des systèmes de gestion des déchets visant à maximiser le recyclage et à minimiser les déchets envoyés en décharge. Par toutes ses actions, la Biovallée représente un exemple inspirant de transition vers un développement durable à l'échelle régionale et montre comment les communautés peuvent se mobiliser pour répondre aux défis environnementaux et socio-économiques de manière innovante et inclusive. Ce projet incarne une vision de l'avenir où l'écologie, l'économie et le social sont intégrés pour créer des communautés durables et prospères.

TIERS-LIEUX PAYSANS

Les tiers-lieux paysans, concept émergent et dynamique, sont des espaces hybrides qui allient activités agricoles, culturelles, sociales et économiques. Ils se développent souvent dans des contextes ruraux et semi-ruraux, où ils jouent un rôle crucial dans la revitalisation des territoires et la promotion d'une agriculture durable. Voici comment ces tiers-lieux s'articulent avec leurs terroirs et renforcent leur identité.

Les tiers-lieux paysans mettent en valeur les spécificités locales, qu'il s'agisse des pratiques agricoles traditionnelles, des variétés de cultures endémiques ou des savoir-faire artisanaux. Ainsi, un tiers-lieu paysan dans une région viticole peut inclure une cave coopérative, des ateliers de fabrication de produits dérivés (comme le vinaigre ou le jus de raisin) et des événements de dégustation, mettant ainsi en avant les particularités viticoles locales. Ces espaces jouent un rôle clé dans la dynamisation économique et sociale des territoires ruraux en offrant des plateformes de collaboration et de partage. Par exemple, un tiers-lieu paysan peut abriter un marché de producteur·ices, des ateliers de transformation alimentaire et des espaces de coworking pour les artisan·es et les petites entreprises. En créant des synergies entre différentes activités économiques, ces lieux stimulent l'innovation locale et la création d'emplois. De plus, ils servent souvent de point de rencontre et d'échange, favorisant le lien social et la solidarité entre les habitant·es.

En impliquant les communautés locales et les touristes, les tiers-lieux paysans ont également une dimension éducative forte. Ils organisent des ateliers, des formations et des événements pédagogiques qui sensibilisent le public aux pratiques agricoles durables, à la biodiversité locale et à l'alimentation saine. Par exemple, des fermes pédagogiques au sein de ces tiers-lieux peuvent offrir des visites guidées, des ateliers de jardinage pour enfants et des cours de cuisine utilisant des produits locaux.

J'ai un très proche camarade, Samuel Chabré, qui a fondé avec ses parents le tiers-lieu paysan de la Martinière dans la Loire, ce département mal nommé où se trouve Saint-Étienne, à cheval entre le Roannais, le Forez et le Pilat. Il est implanté dans les terroirs du Roannais, une région connue pour ses paysages vallonnés, ses vignobles et ses produits agricoles de qualité, comme les vins de la Côte roannaise, les fromages et la viande bovine et porcine. Chaque semaine, la Martinière accueille un marché local, où les habitants du Roannais peuvent acheter en circuit court des produits frais et transformés.

Dans le sillage d'une écologie populaire et d'une nouvelle façon de faire société et d'habiter le monde, la Martinière organise également des événements culturels et festifs, tels que des fêtes de la moisson, des dégustations de vin et des concerts, mais aussi des ateliers de fabrication de confitures, de transformation du lait en fromages et yaourts, et de production de charcuteries. Ces ateliers ajoutent de la valeur aux produits bruts et permettent aux producteur·ices de diversifier leurs sources de revenus. Le tiers-lieu repose à la fois sur ces activités liées au monde agricole, mais aussi et surtout sur une identité issue des mouvements ruraux tels que le MRJC (Mouvement Rural des Jeunesses Chrétiennes) et le syndicat de la confédération paysanne.

Le tiers-lieu paysan de la Martinière est un exemple emblématique de la manière dont ces espaces multifonctionnels peuvent revitaliser un terroir, le Roannais, en promouvant des pratiques agricoles durables, en valorisant les spécificités et l'économie locales, et en renforçant la cohésion sociale.

PARCS NATURELS

Les 58 parcs naturels régionaux (PNR) et les 11 parcs nationaux de France sont profondément ancrés dans leurs terroirs respectifs, jouant un rôle essentiel dans la préservation et la valorisation des richesses naturelles et culturelles locales. Chaque parc est créé autour de caractéristiques géographiques, écologiques et patrimoniales uniques qui définissent son identité. Ainsi, le parc naturel régional des volcans d'Auvergne protège et met en valeur les paysages volcaniques et la biodiversité exceptionnelle de la région, tout en promouvant les produits locaux comme les fromages et la lentille verte du

Puy. De même, le parc national des Écrins, avec ses paysages alpins spectaculaires, préserve la faune et la flore de haute montagne tout en soutenant les activités traditionnelles comme le pastoralisme.

Ces parcs naturels transcendent les frontières administratives, fédérant des communautés souvent réparties sur plusieurs départements autour d'un projet commun de développement durable et de préservation de l'environnement. Le parc naturel régional du Morvan, par exemple, s'étend sur quatre départements de la Bourgogne-Franche-Comté et rassemble des habitant·es, des élu·es et des associations autour de la valorisation de la forêt morvandelle, du patrimoine culturel et des pratiques agricoles respectueuses de l'environnement. Les parcs nationaux, tels que le parc national des Cévennes, couvrent également plusieurs départements, promouvant des initiatives de tourisme durable, la réhabilitation de terrasses agricoles et la préservation des espèces endémiques, tout en impliquant les résident·es dans des projets de gestion écologique.

Ces parcs jouent un rôle clé dans la dynamisation des économies locales en soutenant les activités économiques compatibles avec la protection de l'environnement. Le parc naturel régional de Camargue, par exemple, favorise l'élevage extensif de taureaux et de chevaux, la riziculture biologique et le tourisme ornithologique. Le parc national de Port-Cros, quant à lui, soutient la pêche artisanale et l'écotourisme, contribuant ainsi à la vitalité économique des communautés locales. En rassemblant des intervenant·es de différents ordres autour d'objectifs communs, les parcs naturels de France illustrent comment un projet de préservation de l'environnement peut également être un moteur de développement socio-économique et de cohésion territoriale.

Les résident·es des parcs naturels régionaux et des parcs nationaux se sentent souvent profondément connecté·es à leur environnement naturel et culturel, ce qui renforce leur engagement envers la protection et la valorisation de ces territoires uniques. Les habitant·es des parcs naturels développent un lien étroit avec leur environnement, ce qui se traduit par une grande fierté pour les paysages et les écosystèmes locaux. Par exemple, dans le parc naturel régional des Ballons des Vosges, la population est fière de ses montagnes, forêts et traditions locales. Ce sentiment de connexion est souvent renforcé par des activités de plein air, comme la randonnée, l'agriculture durable et la participation à des festivals et événements culturels qui célèbrent le patrimoine local. Les initiatives éducatives et les programmes de sensibilisation environnementale jouent également un rôle crucial en cultivant une conscience collective sur l'importance de la préservation des ressources naturelles. Le sentiment d'appartenance se manifeste aussi par une forte participation des habitant·es dans les processus décisionnels et les projets communautaires. Les parcs naturels encouragent activement la participation citoyenne à travers des conseils consultatifs, des ateliers participatifs et des comités locaux. Par exemple, dans le parc naturel régional du Luberon, les habitant·es sont régulièrement consulté·es sur des projets de développement durable, de gestion des ressources naturelles et de valorisation du patrimoine culturel. Cette implication renforce le sentiment de responsabilité collective et d'appartenance, en faisant de la population un acteur clé dans la gestion et la préservation de son territoire. Vivre dans un parc naturel forge une identité commune parmi les habitant·es, basée sur des valeurs partagées de respect de l'environnement, de solidarité et de préservation des traditions. Ainsi, dans le parc naturel régional de Camargue, les fêtes traditionnelles comme la fête des gardians (éleveurs de chevaux et de taureaux) sont des moments importants de cohésion sociale et de célébration de l'identité locale.

LITTORAL POUR TOUS

Le littoral français a la chance exceptionnelle d'être structuré en une succession linéaire de 26 côtes, sur la mer du Nord et l'Atlantique, et de 7 côtes en Méditerranée, baptisées en général du nom d'une pierre (Émeraude, Vermeille, Azur), parfois d'un lien géographique avec le continent (picarde, basque). Ces noms de côtes ne sont pas des désignations officielles mais souvent plutôt des appellations issues de l'usage populaire et de la promotion touristique. Ils sont le résultat d'initiatives locales, de la créativité des écrivains ou des efforts des promoteurs pour rendre les régions plus attrayantes et mémorables pour les touristes. Ces noms poétiques contribuent à l'identité et à l'attrait de ces régions littorales françaises. La côte d'Argent par exemple, la plus longue (292 kilomètres, de Royan à Bayonne), doit son nom à des promoteurs immobiliers : ils la baptisèrent ainsi en 1857, après la fondation d'Arcachon et la création par Napoléon III de la ligne ferrée reliant la côte à Paris – permettant à sa noblesse d'Empire d'avoir de nouvelles stations balnéaires jusqu'à Bayonne. À l'inverse, la côte des Légendes, qui court de Morlaix à Brest dans le Finistère Nord, a été créée pour mettre en valeur le patrimoine culturel et les mythes, contes et traditions orales profondément enracinés dans l'histoire de cette région. Ici, l'appellation provient semble-t-il des pêcheurs, la côte des Légendes étant également marquée par son patrimoine maritime, avec des histoires de marins et de naufrages.

Ces côtes structurées sont évidemment mises en avant par le tourisme, mais elles construisent aussi des appartenances communautaires. Depuis 1936 et le Front populaire, le littoral est un bien commun partagé par tous·tes, et sa protection est stratégiquement fondamentale pour incarner un idéal égalitaire de société.

Le Front populaire, coalition de partis de gauche qui a gouverné la France de 1936 à 1938, a joué un rôle crucial dans la démocratisation de l'accès au littoral. L'une des réformes les plus emblématiques du Front populaire fut l'instauration des congés payés, en 1936. Avant cette loi, les vacances étaient un luxe réservé à une minorité privilégiée. Les congés payés ont permis à des millions de travailleurs et travailleuses de partir en vacances pour la première fois, souvent vers les plages et les stations balnéaires. Cela a radicalement changé la manière dont les Français·es percevaient et utilisaient le littoral. Pour accompagner l'afflux de vacancier·es, des infrastructures touristiques et de transport ont été développées. Les lignes de chemin de fer ont été étendues et améliorées pour desservir les côtes, facilitant ainsi l'accès aux plages pour les classes populaires. Le Front populaire a encouragé la création de colonies de vacances et de campings, rendant les séjours balnéaires plus abordables. Des initiatives locales et des associations ont également contribué à offrir des possibilités d'hébergement à moindre coût. Tout cela a renforcé l'idée que le littoral est un espace de détente et de loisirs accessible à chacun·e, et non réservé à une élite. Bien que la protection de l'environnement n'ait pas été une priorité à l'époque, certaines mesures ont été prises pour préserver les espaces naturels littoraux. Cela a jeté les bases des futures politiques de protection du littoral. Le Front populaire a également influencé les premières réflexions sur la régulation de l'urbanisme côtier, pour éviter la privatisation excessive des plages et garantir un accès public. En somme, le Front populaire a joué un rôle déterminant dans la transformation du littoral français en un espace partagé et accessible, ancrant ainsi l'idée de bien commun dans la conscience collective.

La protection du littoral en France est une démarche singulière et exemplaire à plusieurs égards. Elle est principalement régie par la loi Littoral, adoptée en 1986. Cette loi a pour objectif de protéger les espaces naturels sensibles tout en encadrant l'urbanisation, pour éviter les constructions anarchiques qui pourraient dénaturer les côtes. Elle se distingue par : l'interdiction de construire dans la bande des 100 mètres le long du rivage, sauf dérogations spécifiques ; la conservation des sites naturels remarquables, des dunes, des marais et des forêts littorales ; une gestion équilibrée entre développement économique et préservation de l'environnement.

La loi Littoral et d'autres régulations assurent que le littoral reste accessible à tous et à toutes. En France, les plages sont des domaines publics maritimes, ce qui garantit leur accès libre et gratuit, empêchant la privatisation des côtes – contrairement à ce qui se passe chez nos voisins, notamment en Italie. De plus, la protection du littoral inclut des efforts significatifs d'éducation environnementale et de sensibilisation du public. Des programmes scolaires et des initiatives locales, comme les opérations de nettoyage de plages, encouragent la population à s'investir dans la préservation de son environnement côtier, et beaucoup de décisions concernant l'aménagement du littoral incluent désormais des processus de concertation publique.

Certaines régions littorales adoptent des normes écologiques dans leurs pratiques de développement touristique. L'écotourisme est encouragé, des mesures sont prises pour protéger le littoral contre l'érosion et les effets du changement climatique (telles que la reconstitution des dunes et la gestion durable des zones humides). La protection du littoral vise à garantir que les ressources naturelles et les beautés paysagères soient accessibles à tous, indépendamment des moyens financiers. Cela assure une justice sociale en matière d'accès à l'environnement. Les politiques de protection favorisent également les activités économiques traditionnelles et durables comme la pêche artisanale et l'agriculture littorale, essentielles pour les communautés locales.

En somme, la protection du littoral en France est un exemple de gestion intégrée et durable de l'environnement. En faisant du littoral un bien commun, partagé, écologique et juste, la France démontre que la conservation de la nature peut aller de pair avec le développement économique et le bien-être social. On peut donc affirmer que la protection du littoral et l'émergence du tourisme équitable sont des actes de résistance à l'exploitation privée et non régulée des ressources naturelles. En établissant des régulations strictes et des zones protégées, on limite l'influence des intérêts privés et on protège les biens communs. Le capitalisme, qui a tendance à prioriser les profits sur la protection de l'environnement, est ici contenu par la loi.

PEUPLE POLITIQUE, PEUPLE CONSTITUANT

La gauche postule que la population devient le peuple dès lors qu'elle essaie d'exercer sa souveraineté sur le lieu où elle vit. Ajoutons que le terroir est un moyen efficace d'assurer cette souveraineté dans la mesure où il fait obstacle à l'installation ex nihilo d'infrastructures par le haut. On ne pourra jamais produire du champagne ailleurs qu'en Champagne, même si un oligarque veut accroître sa production avec une usine en Roumanie. Le terme « champagne » ne peut être utilisé que pour les vins mousseux produits dans la région de Champagne, en France, selon des règles strictes de viticulture et de vinification. Cela empêche des vigneron·nes d'autres régions ou pays de commercialiser des vins sous le nom de « champagne », protégeant ainsi les exploitant·es champenois·es. Les normes de production incluent des exigences sur les cépages, les rendements, la méthode traditionnelle de vinification (méthode champenoise) et la durée de maturation. Cela assure que le savoir-faire et les traditions locales sont préservés et respectés. De même, le fromage roquefort doit être fabriqué exclusivement avec du lait cru de brebis de la race Lacaune, et affiné dans les caves naturelles de Roquefort-sur-Soulzon. Ces conditions spécifiques protègent les exploitations et les caves d'affinage locales contre la délocalisation de la production. Des contrôles réguliers sont effectués pour s'assurer que toutes les étapes de la production respectent les critères de l'AOP. Cela inclut la qualité du lait, les techniques de fabrication et les conditions d'affinage.

Ainsi, par un protectionnisme sain, nous affirmons que les terroirs peuvent être des lieux de réunion pré-révolutionnaire, comme ce fut le cas pour les cahiers de doléances au moment de la Révolution. Ils donnent une origine qui permet de sourcer une représentativité de la diversité des vécus communs à l'échelle terroiresque. Ils peuvent préfigurer le peuple constituant.

Puisque nous parlons de champagne et de roquefort, voyons désormais comment ces communautés produisent les fruits de la terre (ou de la vigne) parmi un ensemble de pratiques agricoles et alimentaires spécifiques à leurs terroirs.

L'ALIMENTATION DU TERROIR

Dans l'inconscient collectif, le terroir, ce sont avant tout des produits : c'est une famille de productions locales dont le choix de la culture est directement influencé par les contraintes et caractéristiques du terroir en question. Cet alignement entre la contrainte du lieu et la prise de conscience par les humains qui y vivent donne comme premier fruit, au sens figuré, des aliments singuliers dont la production intègre aussi un savoir-faire original, parfois même secret – à l'image de la chartreuse, fabriquée dans le massif de la Chartreuse.

Le terroir désigne donc un ensemble de facteurs naturels et humains qui confèrent à un produit ses qualités particulières. Voyons pourquoi ces éléments alimentaires sont si étroitement associés au concept de terroir et en quoi ils rendent chaque terroir singulier.

Les types de sols, qu'ils soient calcaires, argileux, sableux ou volcaniques, influencent directement la croissance des plantes et la qualité des produits agricoles. Chaque région a donc développé au fil des siècles des techniques spécifiques de culture, de récolte et de transformation des produits. Les pratiques et les recettes sont souvent transmises de génération en génération, intégrant un savoir-faire unique. Ce patrimoine immatériel est essentiel à la singularité des produits et à leur qualité distinctive. Les produits alimentaires sont souvent les ambassadeurs d'une région, représentant son identité culinaire et culturelle. Par exemple, le vin de Bordeaux, le comté, fromage produit en Franche-Comté, ou les truffes du Périgord sont immédiatement associés à leurs terroirs respectifs.

Chaque terroir confère aux produits des caractéristiques gustatives spécifiques. L'exemple le plus parlant concerne bien sûr le vin. Le même cépage de raisin (c'est-à-dire la race du raisin) donnera un vin aux arômes différents selon le terroir où il est cultivé, en raison des variations de sols, de climat et de pratiques viticoles, qui créent ensuite les appellations.

Le terroir est singulier car il est le résultat d'une interaction complexe entre la nature et l'humain. Les fruits, légumes, spécialités culinaires, vins et fromages que nous associons immédiatement au terroir sont le reflet de cette symbiose unique. Ils incarnent non seulement les caractéristiques géographiques et climatiques d'une région, mais aussi le savoir-faire et les traditions locales, et contribuent à l'identité culinaire et culturelle des régions.

SOBRIÉTÉ DES SAISONS

Le respect des saisons est une garantie de sobriété et un moyen efficace de faire la révolution alimentaire en prenant du plaisir. Tous les terroirs français ou presque jouissent d'un fruit ou d'un légume local permettant d'incarner les saisons et la sobriété. L'artichaut de Bretagne, la fraise de Plougastel, la poire normande, les champignons de Paris, la cerise de Montmorency, les pommes de terre du Nord, la choucroute alsacienne, la mirabelle et la quetsche de Lorraine, la morille de Franche-Comté, le cassis de Bourgogne, le piment d'Espelette, le haricot de Soissons, le pruneau d'Agen, la noix du Périgord, l'ail rose de Lautrec, la tomate de Marmande, le melon de Lectoure, la pêche garonnaise, la figue marseillaise, la lentille verte du Puy, la châtaigne d'Ardèche, la clémentine de Corse, la patate douce de la Réunion, l'ananas de Martinique et la mangue de Guadeloupe... sont autant d'exemples de fruits et légumes provenant de terroirs. Cette liste, loin d'être exhaustive, donne un aperçu des produits agricoles régionaux typiques que l'on peut trouver en France.

Consommer ces fruits et légumes de manière saisonnière et locale contribue à réduire l'empreinte carbone tout en soutenant l'agriculture locale. Réduire le trajet entre lieu de production et lieu de consommation, c'est réduire la consommation de carburant, et par là les émissions de gaz à effet de serre. Le besoin de réfrigération lors du transport s'en trouve mécaniquement réduit, sans parler de l'énergie économisée par rapport aux cultures sous des serres chauffées ou éclairées artificiellement.

Les agriculteur·ices de produits locaux utilisent souvent des techniques adaptées à leur environnement spécifique, ce qui permet une utilisation plus efficiente des ressources naturelles. Le maïs, par exemple, nécessite une très grande quantité d'eau : si celle-ci n'est plus cumulable dans un cycle naturel classique, le stock artificiel de l'eau peut devenir une nécessité. De plus, en réduisant les intermédiaires, on permet aux exploitations agricoles de recevoir une part plus équitable du prix de vente. La demande accrue pour les produits locaux que l'on observe à travers le succès des marchés de proximité contribue à la vitalité économique des communautés rurales.

Par ailleurs, les agriculteur·ices qui cultivent des produits de saison pratiquent souvent la rotation des cultures, participant à la santé des sols et à la biodiversité. Les cultures de saison nécessitent généralement moins de pesticides et d'engrais chimiques, ce qui est bénéfique pour l'environnement. Les fruits et légumes de saison sont souvent récoltés à maturité et offrent une meilleure qualité nutritionnelle par rapport aux produits récoltés précocement pour supporter de longs trajets. Les produits locaux de saison nécessitent moins de conservateurs chimiques pour prolonger leur durée de vie. En résumé, la consommation de fruits et légumes locaux et de saison contribue à une utilisation plus efficace des ressources énergétiques et économiques. Elle permet de réduire l'empreinte carbone, soutient les économies locales, préserve l'environnement et renforce la santé des communautés : un mode de consommation qui s'inscrit pleinement dans une démarche de développement durable et de sobriété énergétique et économique.

VINS ET FROMAGES DES AOC/AOP

En préparant ce livre, je me suis notamment rendu dans le terroir du comté, dont j'ai fait la traversée en cinq jours, du sud au nord, en dormant chez l'habitant·e. J'y ai goûté toutes les formes de comté par date, par lieu, par lait, par vache. Savez-vous que l'appellation comté correspond à un cahier des charges extrêmement strict, incluant même les conditions écologiques et sociales des travailleurs et travailleuses (ainsi que celles des bêtes) ? Comme toutes les appellations d'origine, le respect de ce label doit permettre de s'engager pour la justice sociale et climatique. Voici un extrait du cahier des charges de l'Inao (l'Institut national de l'origine et de la qualité), l'organisme qui contrôle cette labellisation : « C'est dans ces milieux difficiles, où la forêt et les pâturages se partagent l'espace, où il était impossible de développer d'autres ressources, que les gros fromages à pâte dure se sont imposés. Pour des hommes installés sur ce territoire, produire un fromage de garde était la seule manière d'élaborer un aliment de conservation à base de l'abondant lait d'été qui puisse supporter la longueur des hivers. Les éleveurs de la région ont donc sélectionné une race de vache particulièrement adaptée aux conditions du milieu et à la production d'un fromage particulier. Le lait a été mis en commun au sein des fruitières[1] en vue de la fabrication d'un fromage de grande taille et de grande conservation, permettant la valorisation des richesses de ce milieu à l'extérieur de l'aire. Le choix d'une pâte cuite a été favorisé par la présence abondante de bois de chauffage à proximité. L'expression des caractéristiques des prairies dans le goût des fromages est favorisée par des savoir-faire spécifiques à toutes les étapes de l'élaboration du produit. Tout d'abord, la grande richesse floristique, liée au milieu naturel de l'aire géographique, est très favorable au développement de composés aromatiques dans les fromages. Cette diversité est préservée du fait de l'exploitation extensive des prairies par les éleveurs. Cette relation étroite a d'ailleurs été prouvée entre diversité floristique et richesse aromatique du comté par deux études scientifiques[2]. »

Mais au-delà de l'exemple du comté, ce sont les AOC (appellations d'origine contrôlée) puis les AOP (appellations d'origine protégée) dans leur ensemble qui ont une histoire exceptionnelle. Ce sont des labels de qualité qui garantissent l'origine géographique et les méthodes de production de certains produits alimentaires en France. L'AOC est un label français qui certifie qu'un produit agricole ou alimentaire a été fabriqué et transformé dans une région déterminée, selon des savoir-faire reconnus et authentiques. Le produit doit provenir d'une région spécifique dont le nom figure dans l'appellation, et être élaboré selon des méthodes traditionnelles spécifiques. Ses caractéristiques (goût, texture, etc.) doivent être attribuables

1 Une fruitière est une fromagerie traditionnelle de montagne, où le lait cru est transformé en fromage. Cette appellation est d'usage dans les massifs du Jura et des Alpes, tant en France qu'en Suisse.

2 Extrait du cahier des charges de 2024 de l'Inao.

à son origine géographique. Les produits AOC sont soumis à des contrôles rigoureux effectués par l'Inao.

L'AOP est un label européen qui protège les noms et les usages de produits locaux dans toute l'Union européenne, garantissant que toutes les étapes de production, de transformation et d'élaboration ont lieu dans une aire géographique déterminée. Il est similaire à l'AOC, mais avec une reconnaissance et une protection à l'échelle européenne. Les méthodes de production doivent être traditionnelles et conformes aux spécifications de l'appellation. L'AOP permet l'harmonisation des protections des produits au niveau européen, facilitant ainsi le commerce et la reconnaissance mutuelle.

Revenons un peu en arrière : le concept d'AOC a été introduit en France au début du XXe siècle, en 1936, sous le Front populaire, avec le vin de Châteauneuf-du-Pape. La création des congés payés va permettre d'harmoniser les congés dans toute la France et de rendre disponibles pour les vendanges les enfants des familles de régions viticoles, partis étudier à la ville. Même si les activités agricoles ne dominent plus autant que par le passé, les enfants issus de familles travaillant dans le secteur peuvent bénéficier jusqu'en 1981 d'une dérogation : dans le Vaucluse, leurs vacances scolaires peuvent être étendues jusqu'au 30 septembre afin d'aider leurs parents pour les vendanges.

La loi du 30 juillet 1935 établit le cadre juridique des AOC sur les vins, étendu par la suite aux autres produits agricoles et alimentaires. Les fromages, les beurres, les crèmes et même certaines viandes y sont entrés. Avec la création de l'Union européenne et la nécessité d'harmoniser les protections des produits, le système AOP a été introduit par le règlement (CEE) n° 2081/92 en 1992. Dès cette année-là, la France a commencé à transformer ses AOC en AOP, afin de bénéficier de la protection à l'échelle européenne. Ce processus a été finalisé avec le règlement (CE) n° 510/2006. Les AOC existent toujours, mais les produits bénéficiant de l'AOC en France ont généralement aussi obtenu l'AOP, renforçant ainsi leur protection à l'international.

Aujourd'hui, la protection nationale est centrée sur la préservation des méthodes traditionnelles et l'authenticité régionale : les AOC ont permis la valorisation des terroirs français et la préservation de la diversité des produits locaux. Quant à la protection européenne, en facilitant la reconnaissance mutuelle et la commercialisation entre les pays de l'Union européenne, elle a renforcé cette valorisation à l'échelle européenne, tout en protégeant les exploitations locales contre les contrefaçons et en facilitant l'exportation.

VINS BIOLOGIQUES

Sur les coteaux ensoleillés de la France, où les vignobles s'étendent à perte de vue, la révolution discrète mais profonde des vins biologiques a pris racine. Ce récit vous invite à un voyage à travers l'histoire et l'actualité de cette viticulture respectueuse de la nature et de l'humain : dans les années 1950 et 1960, quelques vignerons visionnaires commencèrent à questionner les pratiques agricoles dominantes. Ces pionniers, épris d'une nature qu'ils voyaient se dégrader sous les coups des pesticides et des engrais chimiques, décidèrent de revenir à des méthodes traditionnelles. Ils étaient alors peu nombreux, presque marginaux, souvent perçus comme des idéalistes déconnectés de la réalité économique de leur temps. En Provence et en Ardèche, Jean Boucher et Pierre Rabhi furent parmi les premiers à rejeter les produits de synthèse.

Jean Boucher, né en 1915, est l'un des fondateurs de l'agriculture biologique en France. Agronome de formation, il devient chercheur à l'École nationale d'horticulture de Versailles. Inquiet des effets néfastes des engrais chimiques, il se passionne pour les travaux de Sir Albert Howard et d'autres pionniers de l'agriculture durable. En 1958, il cofonde le Groupement d'agriculture biologique de l'Ouest (GABO) et crée des méthodes basées sur l'utilisation de compost curatif et sur l'immunité des plantes. Critique de l'usage des pesticides, il démissionne de son poste public pour se consacrer à l'aide aux agriculteurs. En 1961, il fonde l'Association française d'agriculture biologique (AFAB), qu'il dirige jusqu'en 2003. Boucher contribue à définir les principes de l'agriculture eubiotique, favorisant l'équilibre minéral et la santé des sols. Il reste une figure clé de l'agriculture biologique, même après son décès en 2009, et son héritage continue à influencer la pratique agricole en France.

Pierre Rabhi, né en 1938 en Algérie, était un agriculteur, écrivain et penseur français, reconnu comme un pionnier de l'agriculture biologique et de l'agroécologie. Après avoir émigré en France dans les années 1950, il s'installe en Ardèche où il développe des pratiques agricoles respectueuses de l'environnement. Promoteur d'une agriculture basée sur le respect des écosystèmes naturels et des savoirs traditionnels, opposé aux méthodes industrielles intensives, il fonde le mouvement Colibris et l'association Terre & Humanisme, qui œuvrent pour la diffusion de l'agroécologie et la sensibilisation à des modes de vie plus durables. Son engagement et ses écrits ont fait de lui une figure emblématique de l'agriculture biologique et de la transition écologique, même après sa mort en 2021.

Tous deux choisirent de cultiver leurs terres et leurs vignes en harmonie avec le sol et le climat, utilisant des composts naturels et favorisant la biodiversité. Les années 1990 marquèrent un tournant décisif. En 1991, l'Union européenne instaura un cadre réglementaire pour l'agriculture biologique, incluant la viticulture. Cette législation offrit une reconnaissance officielle et une protection à ces pratiques alternatives. Peu à peu, les vignobles certifiés biologiques commencèrent à croître, soutenus par une demande naissante mais encore timide de consommateur·ices préoccupé·es de leur santé et de l'environnement. En Languedoc, la famille Dürrbach, du domaine de Trévallon, et Gérard Bertrand, l'ancien rugbyman devenu vigneron, furent parmi ceux qui adoptèrent et promurent les méthodes biologiques, contribuant à populariser ces vins. Le début du XXIe siècle vit une véritable explosion de l'intérêt pour les vins biologiques. Le public, de plus en plus informé des conséquences des pesticides sur la santé et sur l'environnement, commença à chercher des alternatives plus saines. Les surfaces de vignobles cultivés en bio ont été multipliées par six entre 2007 et 2019, signe de l'engouement croissant pour ces pratiques durables.

Aujourd'hui, la viticulture biologique n'est plus une niche. Le bio couvre désormais 20 % de la surface agricole utile viticole en France, selon les experts[1]. Des domaines prestigieux, tels que le Château Pontet-Canet à Bordeaux ou le domaine Leroy en Bourgogne, se sont convertis à l'agriculture biologique et biodynamique, prouvant que qualité et respect de l'environnement peuvent aller de pair. Les salons et foires de vins, comme le salon Millésime BIO, attirent chaque année des milliers de professionnel·les et d'amateur·ices de vin, qui viennent découvrir les dernières créations de vigneron·nes engagé·es. Les certifications, telles que celles délivrées par Ecocert, garantissent aux client·es un produit respectueux de normes strictes. En cette époque de prise de conscience environnementale, les vins biologiques incarnent une promesse : celle d'une agriculture respectueuse, d'une nature préservée et d'une tradition viticole renouvelée. Ils sont la preuve tangible que des pratiques agricoles durables et éthiques peuvent non seulement subsister, mais prospérer. Ces vins sont d'une qualité exceptionnelle et illustrent le pouvoir d'une innovation respectueuse des traditions. Ils racontent une histoire de résilience et de passion, celle d'exploitations qui, en refusant de compromettre leur terre, ont redéfini ce que signifie faire du vin. Chaque bouteille de vin bio est ainsi plus qu'un produit de consommation : c'est un acte de foi en un avenir meilleur,

1 Olivier Bazalge, « La France est le plus grand vignoble bio mondial », *Vitisphère*, 21 novembre 2022.

plus vert et plus juste. Cependant, le chemin reste semé d'embûches. Les défis climatiques, les maladies de la vigne et les fluctuations du marché exigent une adaptation constante.

Pour répondre au changement climatique, des agriculteur·ices reviennent à la taille en gobelet[1]. Cette technique traditionnelle de viticulture a été redécouverte pour atténuer les impacts du changement climatique sur la production de vin. Face à des conditions météorologiques de plus en plus extrêmes, telles que des vagues de chaleur et des sécheresses prolongées, cette méthode offre des avantages significatifs. En favorisant une croissance plus compacte et aérée des ceps, la taille en gobelet permet une meilleure gestion de la lumière et de la température, réduisant ainsi le stress hydrique des vignes. Enfin, cette approche encourage un enracinement plus profond, augmentant la résilience des plantes aux fluctuations climatiques.

Il faut le rappeler, produire du vin biologique est un combat, parfois un sacrifice. Les viticulteur·ices bios n'utilisent ni pesticides, ni herbicides, ni engrais chimiques, ce qui nécessite de trouver des alternatives naturelles pour protéger les vignes. Cela peut inclure l'utilisation de compost, d'engrais verts et de préparations à base de plantes, ainsi que la mise en place de pratiques de lutte biologique contre les parasites, encourageant la biodiversité dans les vignobles. Cela implique souvent plus de travail manuel, que ce soit pour le désherbage, la taille ou la surveillance des vignes. Le recours à des techniques mécaniques et à des pratiques manuelles est plus intensif en main-d'œuvre. En raison de l'absence de produits chimiques et de la lutte naturelle contre les parasites et les maladies, les rendements en agriculture biologique sont généralement plus faibles comparés à l'agriculture conventionnelle. Les exploitations bios doivent accepter des pertes de récolte plus importantes, ce qui peut affecter leur

1 Marc Nougier, « La taille en gobelet comme levier d'adaptation », *Agrisource.*

rentabilité. Les vignes en culture biologique sont plus vulnérables aux maladies et aux conditions climatiques défavorables. Les viticulteur·ices doivent être particulièrement vigilant·es pour prévenir et traiter les problèmes sanitaires, souvent avec des moyens limités. Les aléas climatiques tels que les gels, les fortes pluies ou les sécheresses peuvent avoir un impact plus marqué sur les vignobles bios, qui ne bénéficient pas des mêmes outils de protection chimique. Obtenir et maintenir la certification bio implique des coûts supplémentaires pour les audits, la documentation et les conformités réglementaires. Cette certification est essentielle pour garantir la qualité bio du vin, mais elle représente une charge financière et administrative. Bien que la demande pour les produits bios soit en croissance, les vins bios doivent encore trouver leur place sur un marché souvent dominé par des produits conventionnels moins chers. Les vins bios sont en concurrence avec des vins conventionnels qui bénéficient de rendements plus élevés et de coûts de production souvent plus bas, ce qui rend difficile la compétitivité sur le marché.

Pour autant, l'agriculture biologique présente des avantages certains pour la santé et l'environnement. Sur le plan de la santé, elle réduit l'exposition aux pesticides et aux produits chimiques, favorisant des aliments plus sains et nutritifs. Les produits bios sont souvent plus riches en antioxydants et en vitamines. Et sur le plan environnemental, elle améliore la biodiversité en favorisant les habitats naturels, utilise des pratiques de rotation des cultures pour maintenir la fertilité des sols et réduit la pollution des sols et des eaux grâce à l'absence de produits chimiques de synthèse. Elle contribue également à la lutte contre le changement climatique en augmentant la capacité des sols à séquestrer le carbone.

RÉGIE PUBLIQUE DE L'EAU

Parmi les ressources naturelles qui proviennent de la terre, l'eau se situe au premier plan de nos évidences considérées comme acquises – alors qu'en réalité, elle n'a jamais été aussi menacée ! Entre privatisation et sécheresse, l'eau pourrait devenir une ressource rare, et les terroirs à forte présence de sources pourraient devenir de nouvelles centralités permettant d'assurer l'autonomie des populations. Pourtant, le personnel politique refuse encore de considérer les sources et les nappes comme des pôles stratégiques.

Une régie publique permet à la collectivité d'avoir un contrôle direct sur la gestion de l'eau, ce qui peut améliorer la transparence dans les opérations, les investissements et la tarification. Les décisions sont prises localement par des représentant·es élu·es, permettant une meilleure réactivité aux besoins des habitant·es et une plus grande responsabilité. Les régies publiques peuvent se concentrer sur la qualité de l'eau plutôt que sur la rentabilité, ce qui conduit à des investissements plus importants dans les infrastructures et la maintenance. Elles peuvent fixer des tarifs plus justes et souvent plus bas, car elles n'ont pas à générer des profits pour des actionnaires privé·es. Ceci est particulièrement important pour garantir l'accès universel à l'eau, y compris aux populations les plus vulnérables. Les régies publiques peuvent mettre en place des politiques de gestion de l'eau plus durables, intégrant la protection des ressources naturelles et la réduction de la consommation d'énergie. Elles ont également la possibilité de mener des campagnes de sensibilisation sur l'économie d'eau et la protection de l'environnement, impliquant la population dans la gestion responsable des ressources.

Se doter d'une régie publique de l'eau permet aux collectivités locales de mieux contrôler la qualité, la transparence et la durabilité de la gestion de l'eau, tout en assurant une meilleure accessibilité financière. Les exemples réussis en

France démontrent que la gestion publique de l'eau peut être une option viable et bénéfique pour les communautés locales.

Quatre territoires, quatre cas de figure :

Grenoble est un exemple emblématique de la remunicipalisation de l'eau. Après une période de gestion privée controversée dans les années 1990, la ville a repris en main la gestion de l'eau en 2000. La régie publique a permis une réduction des tarifs, une amélioration de la transparence et de la qualité du service. Les bénéfices générés sont réinvestis dans l'infrastructure et les projets environnementaux.

En 2010, Paris a décidé de reprendre en gestion publique son service de l'eau, qui était auparavant géré par des entreprises privées. Eau de Paris a réussi à baisser les prix de l'eau de 8 % pour les Parisien·nes. De plus, la régie publique a mis en place des politiques innovantes pour la préservation des ressources en eau et la gestion durable.

La régie publique de Bordeaux Métropole a été créée en 2019 pour gérer l'eau potable et l'assainissement. Elle a permis d'améliorer la qualité de service tout en maintenant des tarifs compétitifs. Des efforts sont également faits pour moderniser les infrastructures et améliorer l'efficacité énergétique.

La métropole Nice Côte d'Azur a également choisi de reprendre en régie publique la gestion de son eau en 2015. Cette transition a entraîné des bénéfices économiques significatifs pour la collectivité, une transparence accrue dans la gestion et des améliorations notables dans la qualité de l'eau distribuée.

Dans l'intercommunalité où je travaille une partie de mon temps, Est Ensemble[1], nous avons déprivatisé l'eau sur le dernier mandat : une façon de nous approprier notre terre et nos ressources. Socialement, cela permet de garantir un accès équitable à une ressource essentielle, en supprimant les intermédiaires privés et en plaçant la gestion de l'eau sous le contrôle direct des collectivités locales. Cela se traduit par des tarifs plus justes et transparents, alignés sur les besoins réels des habitant·es plutôt que sur la recherche de profits. Chaque mois, les dix premiers mètres cubes sont gratuits – ce qui correspond à la consommation en eau d'une famille avec deux enfants prenant chacun une douche par jour. Écologiquement, la régie publique met en avant la protection des ressources naturelles, en favorisant des pratiques de gestion durable et de préservation des nappes phréatiques. Elle encourage également la réduction des fuites et le développement des infrastructures écologiques, contribuant ainsi à la lutte contre le gaspillage et à la préservation de l'environnement. Cette approche holistique intègre des initiatives éducatives et de sensibilisation de la population à la gestion responsable de l'eau, renforçant ainsi l'impact positif à long terme sur la société et l'écosystème local.

1 Est Ensemble est une intercommunalité de neuf communes de l'Est parisien, au sud de la Seine-Saint-Denis : Pantin, Montreuil, Bagnolet, Bondy, Bobigny, Noisy-le-Sec, Pré-Saint-Gervais, Les Lilas et Romainville. Au moment d'écrire ces pages, j'y suis membre du cabinet du président en charge de la prospective écologique et sociale.

IMBREVETABILITÉ DU VIVANT

La question de la brevetabilité du vivant touche à des enjeux éthiques, économiques et environnementaux majeurs. Les avancées dans le domaine de la biotechnologie ont permis la modification génétique d'organismes vivants pour des applications médicales, agricoles et industrielles. Les entreprises investissent massivement dans la recherche pour créer des variétés de plantes résistantes aux maladies, des médicaments innovants ou des bactéries capables de dégrader des polluants. Le système de brevets a été conçu pour encourager l'innovation en offrant une protection temporaire des droits exclusifs sur une invention, permettant aux inventeur·ices de rentabiliser leurs investissements. Les lois de nombreux pays, y compris celles de l'Union européenne et des États-Unis, permettent le brevetage des gènes isolés, des séquences d'ADN, des protéines et des organismes génétiquement modifiés. Ces brevets couvrent des inventions où l'intervention humaine a modifié ou identifié des fonctions spécifiques des gènes ou des organismes. Pour être brevetable, une invention doit être nouvelle, inventive (non évidente) et susceptible d'application industrielle. Les organismes vivants qui remplissent ces critères, par exemple une plante génétiquement modifiée pour résister à un herbicide, peuvent être brevetés.

Certains animaux sont génétiquement modifiés, par exemple pour produire des substances thérapeutiques dans leur lait ou pour des recherches médicales. Bactéries et levures sont modifiées pour des applications industrielles, comme la production de biocarburants ou de médicaments. Des séquences d'ADN sont isolées et modifiées pour des applications thérapeutiques ou diagnostiques.

Beaucoup d'entre nous estiment que les organismes vivants, en particulier ceux présents naturellement, font partie du patrimoine commun de l'humanité et ne devraient pas être la propriété exclusive de quelques entreprises. La brevetabilité du vivant est une marchandisation de la vie allant à l'encontre du respect et de la protection de la nature. Les brevets sur les semences obligent les agriculteur·ices à racheter chaque année des semences brevetées, augmentant leur dépendance vis-à-vis des grandes entreprises biotechnologiques et réduisant leur autonomie. La concentration sur quelques variétés brevetées peut mener à une réduction de la biodiversité agricole, ce qui rend les systèmes alimentaires plus vulnérables aux maladies et aux changements climatiques.

Les brevets peuvent créer des situations de monopole, où quelques grandes entreprises contrôlent l'accès aux ressources génétiques, limitant la concurrence et l'innovation indépendante. Les frais de licence et les coûts associés à l'utilisation de technologies brevetées peuvent être prohibitifs pour les petites exploitations. Si l'on empêchait la brevetabilité des semences et des animaux, ces dernières pourraient conserver le contrôle sur leurs ressources génétiques, semer, récolter et replanter librement, bref être plus autonomes. Des variétés traditionnelles, souvent adaptées aux conditions locales et développées sur des générations, devraient être protégées et promues, afin de contribuer à la diversité génétique et à des pratiques agricoles durables.

L'imbrevetabilité du vivant constitue pour moi une mesure sociale et écologiste progressiste de premier plan. Elle est, avec le partage de l'héritage, l'une des grandes batailles à venir. Même si les terroirs sont des *petits* communs partagés, ce sont des communs partagés et ouverts à l'hospitalité comme à la générosité de leurs produits. On peut manger du roquefort dans toute la France. Le vivant appartient à chacun·e comme les terroirs appartiennent à tous·tes. Ces brevets sont une anomalie historique qui participe de l'aliénation du monde paysan.

SUBSISTANCE AU QUOTIDIEN

Pourrait-on vivre en autonomie à l'échelle du terroir ? En cas d'effondrement, saurait-on tirer de chaque produit terroiresque de quoi subvenir aux besoins des habitant·es des terroirs, ou a-t-on besoin d'échanges entre eux pour assurer leur complémentarité et leur équilibre ?

Geneviève Pruvost, sociologue spécialisée dans le travail et le genre, explore la vie quotidienne d'une maisonnée alternative vivant en autonomie. Son livre, *La Subsistance au quotidien*, publié en 2024, s'inscrit dans une démarche de documentation minutieuse de la subsistance quotidienne et de ses implications politiques et sociales. Pruvost examine comment les gestes les plus anodins peuvent prendre une dimension politique dans le contexte d'une vie dédiée à l'autosuffisance et à la durabilité écologique. L'un des thèmes centraux du livre est la politisation des gestes quotidiens. Pruvost avance que chaque action, aussi anodine soit-elle, peut avoir une signification politique dans le contexte de la subsistance. En se concentrant sur les alternatives à la vie moderne capitaliste, elle montre comment des modes de vie plus durables et autonomes peuvent être des formes de résistance et de transformation sociale. Dans le chapitre « Neuf jours dans la vie de boulangers-paysans du XXIe siècle », elle présente un récit détaillé de la vie de Myriam et Florian, un couple de boulangers-paysans vivant dans une yourte et cultivant la terre selon des principes écologiques. À travers une ethnographie précise, l'auteure décrit les activités quotidiennes comme la traite des vaches, la fabrication du pain et les interactions sociales au sein de leur communauté. Chaque journée est minutieusement documentée, mettant en lumière les défis et les satisfactions de ce mode de vie. Pruvost montre comment « maisonner » implique de cumuler des compétences techniques et relationnelles pour couvrir divers domaines d'activité. Les activités de la maisonnée vont au-delà de la simple subsistance alimentaire et touchent à des aspects sociaux et culturels, comme l'entraide communautaire et les échanges de savoir-faire. Une partie significative du livre est consacrée à ce que l'auteure appelle « l'ethnocomptabilité », un processus de documentation détaillée des échanges, des coûts et des activités quotidiennes. Cela inclut des tableaux et des comptes rendus des ressources utilisées, des techniques employées et des interactions sociales. Cette approche permet de rendre visible l'économie domestique et les réseaux d'entraide qui soutiennent cette forme de vie. En conclusion, *La Subsistance au quotidien* propose une réflexion profonde sur les formes contemporaines de « bonnes vies » et sur la manière dont des choix de vie alternatifs peuvent contribuer à une plus grande justice sociale et écologique. Le livre invite à repenser notre rapport au travail, à la consommation et à la communauté à travers le prisme de la subsistance.

On l'a vu, l'alimentation du terroir est traditionnellement associée à des produits agricoles uniques, enracinés dans des régions spécifiques et cultivés selon des pratiques anciennes. Ces produits, tels que les vins, les fromages et d'autres spécialités régionales, reflètent le patrimoine culturel et les savoir-faire locaux. Cependant, il est tout à fait envisageable d'imaginer des terroirs urbains où des produits alimentaires seraient cultivés et transformés localement, intégrant les principes de durabilité et de qualité propres aux terroirs ruraux. Les jardins communautaires, les fermes urbaines et les initiatives locales de production alimentaire en ville peuvent ainsi créer de nouveaux terroirs, contribuant à une alimentation de proximité, saine et respectueuse de l'environnement. De même, on pourrait imaginer que les produits du terroir ne soient pas nécessairement agricoles. Des musiques, des danses, des arts pourraient devenir le fruit de la relation entre les humains et leur milieu – et donc eux aussi des produits du terroir.

DES AOP URBAINES ?

Le terroir est souvent associé à la droite en raison de sa connexion avec l'agriculture, la ruralité et les valeurs traditionnelles. Les régions rurales, où les métiers agricoles dominent, tendent à valoriser les traditions et un mode de vie plus conservateur, ce qui les rend politiquement plus enclines à soutenir des partis de droite. En miroir, la gauche est devenue principalement urbaine depuis la révolution industrielle, car les villes ont été les foyers de la classe ouvrière et des mouvements syndicaux, favorisant des politiques progressistes et de justice sociale. Cependant, cette tendance n'est pas intrinsèque à l'identité de la gauche ; elle résulte de la concentration des travailleurs et travailleuses dans les centres urbains. La gauche pourrait tout aussi bien s'aligner sur les préoccupations rurales si elle prenait en compte cette réalité des Français·es, de même que le terroir et l'imaginaire qu'il charrie pourraient dépasser les seules frontières de la campagne et rayonner sur la ville.

GAUCHE URBAINE PARCE QU'OUVRIÈRE

À partir du XVIIIe siècle, la révolution industrielle a transformé les économies occidentales, passant d'une agriculture dominante à une industrie florissante. Cette transformation a conduit à une urbanisation rapide, des masses d'ouvriers et d'ouvrières quittant les campagnes pour s'installer dans les villes industrielles. Les nouvelles industries employaient les gens dans des conditions souvent très difficiles : nombreuses heures de travail, salaires bas, absence de sécurité au travail. Les usines rassemblaient un grand nombre de prolétaires au même endroit, facilitant l'organisation collective et les mouvements de protestation.

Les idéologies socialistes et communistes fondées par Karl Marx et Friedrich Engels ont théorisé la lutte des classes et mis en avant le rôle central du prolétariat (classe ouvrière) dans la transformation sociale. La Première Internationale (1864) et les mouvements ouvriers qui en ont découlé ont prôné la solidarité internationale des travailleurs et travailleuses, mettant l'accent sur la classe ouvrière urbaine. Les partis socialistes et communistes se sont formés autour des revendications des classes ouvrières, là aussi urbaines. En France, le Parti socialiste (PS) et le Parti communiste français (PCF) ont émergé au début du XXe siècle. Les syndicats, tels que la CGT (Confédération générale du travail), se sont organisés pour défendre les droits des ouvrier·es, menant des grèves et des manifestations pour obtenir de meilleures conditions de travail et des droits sociaux.

De leur côté, les paysan·nes travaillaient souvent de manière indépendante sur de petites exploitations familiales, ce qui rendait l'organisation collective plus difficile. Le monde rural était traditionnellement plus conservateur, attaché aux structures sociales et religieuses établies. Les politiques de gauche se sont concentrées sur les problèmes urbains et industriels : droits des ouvrier·es, sécurité sociale, conditions de travail, etc. Bien que certaines politiques de réforme agraire aient été proposées, elles n'ont jamais pris autant d'importance que les réformes industrielles.

Avec l'industrialisation, la population urbaine a dépassé la population rurale. Les villes sont devenues les centres névralgiques de la vie économique et politique. Les classes ouvrières, concentrées dans les villes, ont formé la base électorale des partis de gauche. Logement, transports, services publics, éducation et santé sont devenus des enjeux majeurs pour les populations urbaines. Les politiques de gauche se sont focalisées sur ces problèmes, renforçant ainsi leur lien avec l'électorat urbain. Les mouvements artistiques, intellectuels et contre-culturels des villes ont souvent été alignés avec les idéaux de gauche, créant une culture urbaine progressiste. Avec les infrastructures pour les réunions, les manifestations et les publications, les milieux urbains ont facilité le militantisme politique.

Les conditions de travail dans les industries, la concentration des ouvriers et des ouvrières en milieu urbain et les idéologies socialistes et communistes : tout cela a orienté la gauche vers un électorat urbain. À son tour, la marginalisation du monde agricole dans ces mouvements a renforcé la base électorale essentiellement urbaine des partis de gauche. Mais la gauche aurait tort de laisser cette science terroiresque à la campagne, et aurait tout à gagner à investir cette thématique dans toute la société. Pour une fois, dans la politique du moins, la campagne pourrait influencer la ville. Valoriser la ville et l'industrie comme un lieu de terroir serait une opportunité de nouvelle relation à tisser entre les centralités et les périphéries actuelles.

TERROIRS INDUSTRIELS

De fait, il existe des spécificités régionales industrielles ou des éléments du patrimoine industriel qui sont valorisés et font partie intégrante de l'identité régionale, tout comme les terroirs agricoles.

Dans le bassin minier du Nord-Pas-de-Calais, les terrils sont des collines artificielles formées par l'accumulation de déchets miniers. À Loos-en-Gohelle, Jean-François Caron a engagé des projets de réhabilitation des terres minières, transformant ces terrils en espaces verts et en lieux de loisirs, tout en préservant leur héritage industriel. On peut aussi penser à la Manufacture d'armes de Saint-Étienne. Cette ville était autrefois un centre majeur de production d'armes en France. Aujourd'hui, ses anciennes usines et bâtiments industriels sont réhabilités en musées ou en centres culturels, préservant ainsi l'histoire industrielle de la région.

La Lorraine, dont ma mère est originaire, fut une région phare de l'industrie sidérurgique et minière en France. Elle conserve plusieurs témoignages de son passé industriel malgré la fermeture de nombreuses usines et mines au cours des dernières décennies. Aujourd'hui, certains de ces sites ont été transformés en lieux de mémoire et de culture, permettant aux visiteurs de découvrir l'histoire industrielle de la région. Le haut-fourneau U4, situé à Uckange, est l'un des rares hauts-fourneaux encore debout en Lorraine. Fermé en 1991, il a été classé monument historique et offre des visites guidées qui permettent de comprendre le processus de fabrication de l'acier et de découvrir l'importance de l'industrie sidérurgique pour la région. Situé sur le site de l'ancienne mine de charbon Wendel, le parc Explor Wendel à Petite-Rosselle comprend un musée de la mine et des installations industrielles préservées. Le public peut en apprendre davantage sur l'histoire de l'extraction du charbon et sur la vie des mineurs.

En Île-de-France, on pourrait parler de terroir automobile. La région compte plusieurs sites historiques de l'industrie automobile française. L'île Seguin, jadis le cœur battant de l'industrie automobile française, abritait les célèbres usines Renault de Boulogne-Billancourt. Pendant plus de six décennies, de 1929 à 1992, elle fut le théâtre d'une activité industrielle intense et de luttes syndicales marquantes, symbolisant la puissance de l'industrie française et la force du mouvement ouvrier. Aujourd'hui, en arpentant les berges de la Seine, il est difficile d'imaginer le vrombissement des machines et les vagues de prolétaires qui animaient ce lieu. Après la fermeture définitive de l'usine en 1992, l'année de ma naissance, l'île Seguin est restée une friche industrielle pendant plusieurs années, un vestige silencieux de son passé glorieux. Les bâtiments, vides, se sont délabrés, laissant place à une atmosphère de nostalgie et de mélancolie. Au début des années 2000, des projets de réaménagement ont commencé à se dessiner. L'idée était de transformer l'île en un espace culturel et artistique moderne, tout en conservant la mémoire de son passé industriel. Aujourd'hui, l'île Seguin accueille la Seine musicale, un complexe culturel dédié à la musique, qui a ouvert ses portes en 2017. Ce bâtiment moderne, au design audacieux, incarne la transformation de l'île en un haut lieu de la culture et de l'art. Toutefois, cette métamorphose n'efface pas les souvenirs des luttes ouvrières et des batailles syndicales. Pour transmettre la mémoire de cette grande période du syndicalisme et de l'industrie, des expositions y sont organisées : témoignages des anciens travailleurs de Renault, archives photographiques, films documentaires et objets du quotidien y sont présentés, retraçant l'histoire de l'usine, les conditions de travail et les grandes grèves qui ont marqué l'histoire du mouvement ouvrier en France.

En bord de mer, les ports de Marseille, Bordeaux, Toulon, Le Havre ou Saint-Nazaire sont des symboles de l'industrie maritime française. Bien que leur activité ait évolué, ils conservent leur importance économique et culturelle, avec des quais historiques et des entrepôts rénovés. La région lyonnaise abrite un important pôle chimique, surnommé la « Vallée de la chimie ». Les anciennes usines chimiques témoignent de l'histoire industrielle de la région et certains de ses sites sont aujourd'hui reconvertis en centres de recherche et d'innovation. Dans l'Ain, où j'ai mené campagne avec Lumir Lapray, nous sommes à côté de la « Plastics Vallée » française – du fait de la résine de pin du Bugey, le plus méridional des massifs du Jura.

TERROIRS PRODUCTIFS

Les références aux terroirs ne se limitent pas uniquement aux aspects agricoles ou alimentaires. Elles englobent une variété de domaines où le patrimoine, la culture et l'identité régionale jouent un rôle crucial. En voici quelques exemples :

La tapisserie d'Aubusson en Nouvelle-Aquitaine. Cette tradition artisanale, renommée pour ses méthodes de tissage à la main qui datent du XVe siècle, a été reconnue par l'Unesco.

La cristallerie de Baccarat dans le Grand Est produit des cristaux de haute qualité depuis 1764. Elle représente l'excellence et le savoir-faire français en matière de cristal, un artisanat profondément enraciné dans la région lorraine.

L'école de Barbizon en Île-de-France, mouvement artistique du XIXe siècle. Des artistes comme Jean-François Millet et Théodore Rousseau se sont installés dans le village de Barbizon pour peindre des paysages naturels. On peut parler ici de terroir artistique : le cadre naturel de la forêt de Fontainebleau a inspiré un style de peinture particulier.

La littérature provençale avec les œuvres de Frédéric Mistral et de Jean Giono, qui mettent en valeur les paysages, les coutumes et les dialectes de la Provence. Ces auteurs ont contribué à la reconnaissance de la culture provençale, enracinée dans ses terroirs.

La dentelle de Calais-Caudry, dans le Nord, est réputée pour sa finesse et sa qualité exceptionnelle. Utilisée dans la haute couture et les robes de mariée, cette dentelle est un symbole de l'excellence artisanale de la région.

La soie de Lyon, dont la tradition remonte à la Renaissance et qui continue d'influencer la mode et le design textile.

Ces exemples illustrent comment l'industrie et l'artisanat ne se contentent pas d'exploiter les ressources locales, mais enrichissent et perpétuent l'héritage culturel et économique de leurs territoires, créant ainsi une symbiose durable entre les activités humaines et leur milieu.

LES TERROIRS ET L'UNESCO

En 2023, la France possède 52 sites inscrits au patrimoine mondial, dont 44 culturels, 7 naturels et un mixte. Certains sites couvrent plusieurs emplacements distincts, comme les 108 éléments du bassin minier du Nord-Pas-de-Calais. Par ailleurs, quelques sites apparaissent dans différentes catégories, à l'image de la basilique de Vézelay, inscrite à la fois en tant que « basilique et colline de Vézelay » et sur les chemins de Saint-Jacques-de-Compostelle en France. Au total, la France compte ainsi 319 lieux inscrits au patrimoine mondial. La majorité des sites inscrits sont culturels, illustrant la richesse historique et architecturale de la France. Les nombreux châteaux, cathédrales, villes historiques et paysages culturels témoignent de l'importance du patrimoine bâti et des traditions culturelles locales. L'inscription de sites comme le bassin minier du Nord-Pas-de-Calais met en lumière l'importance des paysages industriels et leur rôle dans l'histoire économique et sociale de la France. Cela montre comment le patrimoine industriel est reconnu comme une composante essentielle de l'héritage national.

De nombreux sites du patrimoine mondial sont profondément ancrés dans leurs terroirs, reflétant les spécificités locales en matière de culture, de gastronomie et de traditions. Ainsi, les climats de Bourgogne et les vins de Champagne, inscrits au patrimoine mondial, montrent comment le patrimoine culturel est intrinsèquement lié aux pratiques agricoles et aux produits du terroir.

LE RAP, PRODUIT DU TERROIR

Si l'on suit le raisonnement d'un élargissement de la sphère du terroir à l'urbanité, le rap pourrait être considéré comme un produit du terroir issu des banlieues. Pour nombre de rappeurs et de rappeuses, leur quartier ou leur cité est le lieu où ils ont grandi, forgé leur identité et établi des liens sociaux forts. Faire référence à son quartier ou à sa ville dans les paroles du rap est souvent une manière pour les artistes de revendiquer leur origine et de montrer leur fierté pour leur communauté. Les morceaux de rap deviennent les porte-voix des quartiers défavorisés, dénonçant les injustices sociales, les difficultés économiques et les discriminations. Les banlieues françaises sont souvent caractérisées par leur diversité démographique, avec des populations issues de différentes origines ethniques et culturelles. Le rap reflète cette diversité et devient un vecteur d'expression pour les jeunes issu·es de ces milieux. Les références aux quartiers et aux cités contribuent à la construction d'une mythologie urbaine, où chaque lieu a ses propres histoires, ses propres héros et ses propres légendes. En somme, le rap peut être vu comme le terroir des périphéries, car il plonge ses racines dans les réalités sociales, culturelles et identitaires des quartiers défavorisés.

Médine, figure du rap français contemporain, peut être considéré comme un « produit du terroir » du pays de Caux à plusieurs égards. Cette relation se manifeste à travers son origine, son identité et la manière dont il incorpore les influences locales dans sa musique et son engagement. Médine est né et a grandi au Havre, ville portuaire située dans le pays de Caux, en Normandie. Comme d'autres zones portuaires, Le Havre a alterné des périodes de prospérité et de difficultés économiques, influençant les perspectives sociales et politiques des jeunes de la région. Bien que s'inscrivant dans une culture hip-hop globalisée, Médine porte en lui des éléments de cette culture normande. Sa conscience politique est nourrie par les réalités sociales du Havre et du pays de Caux, où les questions de diversité, de migration et d'identité sont particulièrement prononcées. Cela se reflète dans sa musique, qui aborde souvent les thèmes de la lutte sociale, de la marginalisation et de l'injustice, trouvant des échos dans les réalités vécues par les habitant·es de sa région. Par ailleurs, l'artiste participe à des initiatives locales et nationales visant à promouvoir la justice sociale, l'égalité des chances et le dialogue interculturel, qui renforcent encore les liens entre son art et son terroir.

TERROIRS DES QUARTIERS POPULAIRES

De nombreuses initiatives offrent des perspectives innovantes pour imaginer l'ancrage de terroirs dans les banlieues.

Depuis Bagnolet (93), Fatima Ouassak, militante écologiste et féministe, prône une écologie populaire qui intègre les dimensions sociales et environnementales, particulièrement dans les quartiers populaires. Son approche met l'accent sur l'inclusion des communautés marginalisées dans les discussions et actions écologiques. Par des projets comme les jardins partagés et les initiatives de résilience alimentaire, Ouassak démontre comment les banlieues peuvent devenir des espaces de production locale de nourriture, intégrant ainsi les pratiques du terroir urbain. L'association Destins Liés œuvre quant à elle pour renforcer la solidarité et l'autonomie des habitant·es des banlieues. Par la réappropriation des espaces publics et la création de lieux de rencontre et de partage, elle favorise la naissance de terroirs urbains où les résident·es peuvent cultiver, transformer et consommer localement. Destins Liés crée un lien direct entre les habitant·es et leur environnement, valorisant ainsi les savoir-faire locaux. L'association Banlieues Climat se concentre pour sa part sur l'adaptation des banlieues aux défis climatiques, en impliquant les communautés locales dans la mise en œuvre de solutions écologiques.

LES TRADITIONS POLITIQUES DU TERROIR

Dans l'un de ses derniers ouvrages[1], Edgar Morin nourrit une réflexion extrêmement intéressante quant à la mise à jour du socialisme historique. Il rappelle d'abord que celui-ci s'est fondé sur trois approches, anthropologique, politique et civilisationnelle. Dans les trois cas, il s'agissait d'acquérir une plus grande liberté, une plus grande émancipation par l'appropriation de son destin, l'internationalisme et la fin de l'exploitation. Pour lui, l'idée d'une totale désaliénation est

1 Edgar Morin, *Où est passé le peuple de gauche ?*, Éditions de l'Aube, La Tour-d'Aigues, 2017.

totalement irrationnelle[1]. Retrouver une forme de dépendance saine à ce dont nous avons besoin permettrait aussi de faire émerger une interdépendance entre êtres humains. Selon lui, c'est la recherche de liberté absolue qui a pu conduire à l'exploitation de la nature, à la non-reconnaissance des limites et à l'invention de nouvelles exploitations modernes parfois délocalisées pour être invisibilisées – à l'instar des délocalisations de fabrication des ordinateurs et téléphones des grandes entreprises américaines vers des usines d'esclavage moderne en Chine ou en Asie.

Ainsi, le philosophe propose une « hominisation » de l'homme plutôt qu'une libération absolue. De mon point de vue, c'est aussi une perspective que le terroir offre. Le respect des cahiers des charges des produits issus des AOP est en fait la reconnaissance d'une condition locale spécifique d'émergence du fruit pour vivre. Le roquefort a besoin du vent de cette grotte-là, dans l'Aveyron, et aucun autre lieu ne peut produire cette moisissure unique. Reconnaître cette dépendance libère aussi, car cela permet de construire une nouvelle humilité dans notre relation à notre environnement – ce que le terroir a finalement toujours produit sur ses berger·es et paysan·nes.

DÉCROISSANCE AVANT LA DÉCROISSANCE

Les protagonistes du terroir se méfient souvent des logiques économiques de croissance. Et ce pour plusieurs raisons, qui sont également liées à la façon dont les produits du terroir incarnent l'idée de respect des limites planétaires. L'authenticité et la tradition des produits priment sur la quête effrénée de croissance économique : les producteur·ices du terroir privilégient souvent la qualité de leurs produits à la quantité produite. Les logiques de croissance économique peuvent entraîner une surexploitation des ressources naturelles, une dégradation de

1 *Ibid.*, p. 87.

l'environnement et une perte de biodiversité, toutes choses que les acteur·ices du terroir cherchent à éviter.

Un terroir donné dispose de ressources limitées : cette réalité oblige les exploitant·es à ajuster leur production en fonction des capacités de leur environnement. Le terroir incarne une approche qui reconnaît les limites planétaires et qui valorise le sens de la mesure, de l'équilibre et de la durabilité dans la production agricole et alimentaire. En somme, le terroir représente une forme d'incarnation de la post-croissance.

LE TERROIR ET LA JOIE

Le lien entre le terroir et la joie est profondément ancré dans la connexion intime que les êtres humains entretiennent avec leur environnement et leur culture. Le terroir évoque un sentiment de tradition et d'appartenance à un lieu spécifique, imprégné d'une histoire riche et d'une identité unique. Lorsque l'on pense au terroir, on imagine des paysages pittoresques, des produits locaux savoureux et des savoir-faire transmis de génération en génération. Ces éléments diffusent un sentiment de fierté et de satisfaction, car ils représentent la préservation d'un patrimoine et la valorisation des ressources naturelles et culturelles d'une région. La dégustation des produits du terroir, qu'il s'agisse d'un vin artisanal, d'un fromage fermier ou d'un plat traditionnel, peut susciter des émotions profondes de plaisir, rappelant les joies simples de la vie et des moments partagés avec celles et ceux que l'on aime. En ce sens, le terroir devient non seulement un symbole de qualité et d'authenticité, mais aussi une source de bonheur et de bien-être, reliant les individus à leur environnement et à leur communauté d'une manière profondément gratifiante.

La semaine suivant les attentats du Bataclan, j'ai eu la chance de parcourir le Cotentin, dans le département de la Manche (50), et de visiter les quinze lycées du territoire pour écouter et rencontrer les élèves confronté·es à ce nouveau choc du terrorisme. En cette période de deuil et de tourments, rencontrer ces jeunes a été une source de réconfort et de joie. L'attachement profond de ces lycéen·nes à leur région, à la beauté sauvage des paysages, à la brume enveloppant les matins, à la pluie incessante et à la nuit tombant sur les trois horizons maritimes de ce département-péninsule m'a offert un espace de contemplation. Ces moments partagés avec les élèves, enraciné·es dans leur terroir, ont apporté une lueur d'espoir et de connexion humaine dans un contexte sombre, marquant mon esprit de la beauté et de la résilience de ce coin de Normandie.

À titre d'exemple, Damien Deville, géographe et anthropologue, développe une vision du terroir qui dépasse sa simple définition géographique ou agricole[1]. Pour lui, le terroir est un « petit espace territorial » qui offre une opportunité unique de créer et de renforcer des relations humaines et écologiques. Il considère que le terroir n'est pas seulement un lieu de production agricole, mais aussi un espace où se tissent des liens entre les individus et leur environnement, favorisant une interaction harmonieuse entre les humains et la nature. Deville prône une approche de l'écologie relationnelle, qui met en avant l'importance de rétablir des connexions profondes et significatives avec la terre et entre les membres d'une communauté. Cette vision implique de repenser notre rapport à la terre non pas comme une ressource à exploiter, mais comme un partenaire avec lequel cohabiter. Deville s'inspire de philosophes comme Philippe Descola et de penseurs écologistes pour élaborer des projets citoyens et artistiques qui visent à réinventer ces relations. Son travail s'illustre notamment dans l'engagement avec l'association AYYA, qui explore les liens entre les populations en situation de précarité et la terre, par exemple à travers l'expérience des jardins urbains. Ces jardins deviennent alors des espaces de rencontre et de partage, où

1 Damien Deville, *Toutes les couleurs de la Terre. Ces liens qui peuvent sauver le monde*, Tana, Paris, 2020.

se construit une solidarité locale et où se revitalisent les liens sociaux et culturels.

La connaissance des terroirs offre une échappatoire aux tumultes de la vie quotidienne, permettant de se reconnecter avec la nature. Le calme et la sérénité qui se dégagent d'espaces isolés favorisent une introspection et une paix intérieure. La beauté naturelle et sauvage de ces terres procure une source d'émerveillement continu. Les paysages variés – qu'il s'agisse de montagnes majestueuses, de forêts denses, de plages désertes ou de prairies fleuries – captivent les sens et nourrissent l'esprit. La découverte de chaque détail, du chant des oiseaux à la texture des roches, enrichit notre expérience et éveille un sentiment d'harmonie avec l'environnement. L'isolement de ces lieux peut renforcer le sentiment d'appartenance et de protection. De plus, la connaissance de l'histoire et des traditions de ces régions renforce ce sentiment de connexion. Comprendre les luttes, les succès et les coutumes des communautés qui ont habité ces terres ajoute une dimension humaine et culturelle à la contemplation du paysage. Cela crée un lien entre le passé et le présent, qui nous ancre plus profondément.

LA RÉPUBLIQUE DE MULHOUSE

Il existe un morceau de France où l'on vit en république depuis bien plus longtemps que dans le reste du pays : dès le XVIe siècle, la République de Mulhouse, en Alsace, était une cité-État autonome. La ville de Mulhouse avait obtenu son autonomie vis-à-vis du Saint-Empire romain germanique, devenant une république libre alliée de la Suisse. Cette autonomie lui a permis de développer son propre système politique, économique et social. Mulhouse a connu une prospérité économique remarquable grâce à son industrie textile florissante, qui lui a valu le surnom de « Manchester français ». Cette richesse a contribué à renforcer son autonomie et son influence régionale.

C'est en 1798 que Mulhouse a décidé son rattachement à la France, mettant fin à son statut de république indépendante. Cette décision a été motivée par plusieurs facteurs, notamment le désir de sécurité et de stabilité dans un contexte politique mouvementé. La Révolution française a entraîné des bouleversements politiques majeurs dans toute l'Europe. En s'associant à la France, Mulhouse espérait garantir sa sécurité et sa stabilité face aux conflits et aux changements politiques. Bien que Mulhouse ait choisi de rejoindre la France, elle a préservé son identité culturelle et linguistique alsacienne. La ville a conservé ses traditions, son dialecte local et son héritage culturel distinct.

RONDS-POINTS ET GILETS JAUNES

Les ronds-points occupés par les Gilets jaunes lors du mouvement de protestation initié en 2018 en France peuvent être considérés comme des « terroirs politiques » en raison de leur symbolisme, de leur fonction sociale et de leur capacité à incarner les revendications et les aspirations des manifestant·es. Ces ronds-points sont devenus des lieux emblématiques du mouvement, représentant physiquement la convergence des voix et des frustrations de personnes issues de divers horizons sociaux et géographiques. Comme pour les terroirs, ces espaces ont leur propre identité, marquée par la présence constante des manifestant·es et par les actions collectives qui s'y déroulent. De plus, ces lieux ont servi de plateformes pour l'expression de la diversité culturelle et politique, où les participant·es ont partagé leurs expériences, leurs opinions et leurs revendications.

Initialement choisis pour leur visibilité et leur capacité à perturber le trafic, ils sont rapidement devenus des lieux de rassemblement où les Gilets jaunes se retrouvaient pour échanger, discuter et organiser leurs actions. Ces espaces ont été transformés en forums spontanés, lieux de démocratie directe où chacun·e pouvait prendre la parole et où les décisions étaient prises collectivement. Les discussions sur les ronds-points portaient sur des sujets variés, allant des revendications économiques immédiates (comme la baisse des taxes sur le carburant) à des questions plus larges sur la justice sociale et la démocratie. Les ronds-points ont aussi été des lieux de solidarité et de soutien mutuel. Les participant·es ont souvent partagé des ressources, organisé des repas communs et construit des infrastructures temporaires (comme des abris et des cuisines improvisées). Cette solidarité concrète a renforcé le sentiment de communauté et a montré comment les espaces publics peuvent être réappropriés pour créer des formes de vie collective alternatives. Le mouvement des Gilets jaunes a permis à nombre de citoyen·nes de s'engager politiquement pour la première fois. La nature horizontale et non hiérarchique des assemblées sur les ronds-points a donné la parole à celles et ceux qui se sentaient souvent exclu·es des processus politiques traditionnels.

ASSEMBLÉES POPULAIRES DU TERROIR

Dans ma France imaginaire, chaque terroir disposerait d'une assemblée populaire, et le paysage politique serait profondément décentralisé et démocratique. Chaque terroir, qu'il s'agisse du Barrois, de la Sologne, de la Brie ou de la Beauce, aurait sa propre entité politique chargée de gérer les affaires locales et de mener une planification écologique et sociale à l'échelle de son territoire. Ces assemblées populaires seraient composées de représentant·es élu·es par les habitant·es du terroir, reflétant ainsi la diversité et les besoins spécifiques de chaque communauté. Cette approche décentralisée permettrait une prise de décision plus participative et inclusive, où les citoyen·nes seraient directement impliqué·es dans les processus démocratiques locaux. Les politiques et les initiatives seraient adaptées aux réalités et aux besoins spécifiques de chaque terroir. De plus, ces assemblées populaires pourraient servir de laboratoires d'innovation sociale et environnementale, encourageant l'échange d'idées et de bonnes pratiques entre les différentes communautés. L'instauration d'assemblées populaires au niveau des terroirs représenterait une avancée majeure vers une démocratie locale renforcée, une gouvernance participative et une gestion durable des ressources à l'échelle régionale.

ARCHITECTURE POLITIQUE

Toute architecture est politique : elle façonne l'espace social, influence les relations de pouvoir et reflète les valeurs, les priorités et les aspirations d'une société donnée. Elle peut être utilisée pour manifester le pouvoir et la domination. Les bâtiments gouvernementaux, les palais royaux ou les gratte-ciel des grandes entreprises sont conçus pour imposer la présence et l'autorité de celles et ceux qui les occupent. L'architecture peut aussi servir à affirmer l'identité culturelle, nationale ou communautaire. Les édifices religieux, les monuments historiques ou les centres culturels reflètent les valeurs et les croyances d'une société. De leur côté, l'urbanisme et l'aménagement urbain ont le pouvoir de favoriser l'inclusion ou l'exclusion sociale : la conception de logements sociaux influence la qualité de vie des habitant·es et leur accès aux services, à l'éducation et à l'emploi. Les projets de rénovation urbaine peuvent avoir des implications sociales et politiques majeures, en remodelant les quartiers, en déplaçant des populations et en redéfinissant les dynamiques communautaires.

Une vision architecturale populaire, ou de gauche, a émergé à travers des mouvements architecturaux et urbanistiques portant des valeurs progressistes et une préoccupation pour l'équité sociale et environnementale. Le mouvement moderne, né au début du XXe siècle, prône une architecture basée sur la fonctionnalité et l'efficacité. Les architectes modernistes comme Le Corbusier, Ludwig Mies van der Rohe et Walter Gropius ont cherché à créer des espaces rationnels, accessibles et adaptés aux besoins de tous les habitant·es, rompant avec les styles architecturaux ornés et élitistes du passé. Les modernistes ont souvent soutenu des idéaux égalitaires, cherchant à offrir des logements décents à des prix abordables pour les masses, en réponse aux conditions de vie précaires des classes ouvrières.

Apparue après la Seconde Guerre mondiale, l'architecture brutaliste met en avant l'utilisation brute des matériaux comme le béton. Ce style, popularisé par des architectes comme Alison et Peter Smithson ou Le Corbusier, reflète une approche honnête et utilitaire de la construction. Le brutalisme est souvent associé à des projets de logements sociaux et de bâtiments publics, symbolisant une volonté de créer des infrastructures robustes et accessibles. Dans mon deuxième métier actuel, comme directeur général d'une coopérative de lieux urbains, nous animons trois lieux d'engagement et de rencontres écologiques et sociales à Paris dans le XIXe arrondissement, un terroir de luttes lui aussi. L'un de nos trois lieux est au rez-de-jardin d'un bâtiment brutaliste, que je trouve absolument sublime, et qui accueille aujourd'hui un CROUS. Les matériaux sont simples, l'énergie sobre, l'isolation complète. Quand nous avons rénové ces lieux que nous avons récupérés en coque vide, nous nous sommes engagés dans une démarche d'écoconception et d'architecture écologique, également appelée architecture durable ou écoconstruction, mettant l'accent sur des pratiques respectueuses de l'environnement. Ce mouvement cherche à minimiser l'empreinte écologique des bâtiments et à promouvoir des méthodes de construction durables. Des architectes comme Renzo Piano et Norman Foster intègrent des principes de justice environnementale dans leurs conceptions, cherchant à créer des environnements qui protègent les ressources naturelles tout en répondant aux besoins sociaux et économiques des communautés. Ce mouvement écologiste, apparu à la fin du XXe siècle, prône la création de villes compactes et multifonctionnelles qui favorisent la mixité sociale et l'intégration. Il s'oppose à l'étalement urbain et promeut des infrastructures de transport durable. Les projets de nouvelle urbanité cherchent à inclure toutes les couches de la société (et en particulier les groupes marginalisés) dans le tissu urbain, en offrant des logements accessibles et des espaces publics de qualité. En réponse aux défis sociaux, économiques et environnementaux, ces mouvements architecturaux de gauche ou progressistes cherchent à créer des environnements bâtis qui soient accessibles, inclusifs et respectueux de la planète, tout en impliquant activement les communautés locales dans le processus de conception et de construction. Ces mouvements reflètent une vision de l'architecture comme un outil de transformation sociale et d'amélioration de la qualité de vie pour tous et toutes.

De son côté, l'architecture vernaculaire[1], qui désigne les styles de construction traditionnels propres à une région spécifique, est fortement influencée par les contraintes écologiques et sociales locales. Elle utilise les matériaux disponibles localement, tels que la pierre, la terre, le bois ou la paille – les maisons en pierre sont courantes dans les régions montagneuses, tandis que les constructions en pisé sont typiques des zones argileuses. Ces matériaux sont souvent choisis pour leur capacité à réguler la température et l'humidité à l'intérieur des bâtiments, comme les maisons en terre crue qui offrent une excellente isolation thermique. La conception bioclimatique est une autre caractéristique de l'architecture vernaculaire. Les bâtiments sont orientés et conçus pour tirer parti des vents dominants et du soleil, optimisant ainsi la ventilation naturelle et l'éclairage. Les fenêtres et les ouvertures sont placées de manière stratégique pour maximiser la lumière naturelle tout en minimisant les pertes de chaleur. Les toits

1 L'architecture vernaculaire est un type d'architecture communément répandue dans un pays, une aire ou un territoire, à une époque donnée.

en pente permettent de gérer efficacement les précipitations, et les murs épais protègent contre les variations extrêmes de température. De plus, les systèmes de collecte des eaux de pluie et les techniques de gestion des eaux usées sont souvent intégrés dans l'architecture vernaculaire, répondant aux besoins en eau tout en évitant le gaspillage.

L'architecture vernaculaire s'adapte également aux modes de vie et aux besoins sociaux des communautés locales. Les habitations sont conçues pour répondre aux activités quotidiennes, aux coutumes et aux traditions des habitant·es. Par exemple, les cours intérieures des maisons méditerranéennes favorisent les interactions familiales et communautaires. Les villages et les quartiers sont souvent structurés autour de places centrales, de marchés ou de lieux de culte, facilitant les interactions sociales et la cohésion communautaire. En utilisant des matériaux locaux et des techniques simples, la construction vernaculaire est souvent plus accessible financièrement, permettant la construction de logements abordables. La construction participative est une autre dimension importante de l'architecture vernaculaire. Elle implique la participation des membres de la communauté, renforçant les liens sociaux et permettant la transmission des savoir-faire et des techniques de construction. Les bâtiments vernaculaires sont flexibles et peuvent être adaptés ou réparés facilement en réponse aux changements environnementaux ou aux besoins évolutifs de la communauté. En utilisant des matériaux et des techniques durables, ces bâtiments sont conçus pour longtemps et nécessitent peu d'entretien, ce qui les rend résilients et adaptés à des générations successives. En somme, l'architecture vernaculaire incarne une harmonie entre les constructions humaines et leur environnement naturel et social. Ce respect des contextes locaux fait de l'architecture vernaculaire un modèle durable et résilient, capable d'inspirer les pratiques de construction modernes.

Le projet de *L'Atlas des régions naturelles*[1], en recensant pour chaque terroir une spécificité architecturale vernaculaire, révèle la richesse et la diversité des traditions locales en France. À travers cet atlas, la France apparaît comme l'union de milliers de communautés locales informelles, chacune avec ses propres caractéristiques culturelles, architecturales et historiques. Chaque région naturelle répertoriée dans l'atlas est dotée d'un patrimoine architectural unique, résultant de siècles d'évolution et d'adaptation aux conditions géographiques, climatiques et culturelles spécifiques. Que ce soient les maisons à colombages en Alsace, les mas en Provence, les chaumières en Normandie ou les bastides en Occitanie, chaque terroir possède son propre style architectural, reflétant l'identité et l'histoire de ses habitant·es. Ces spécificités architecturales vernaculaires sont le résultat d'un savoir-faire local, souvent en harmonie avec l'environnement naturel et les ressources disponibles localement. Elles témoignent également des traditions, des croyances et des modes de vie propres à chaque communauté. La France s'y présente comme un patchwork de cultures et de paysages, où chaque terroir est une pièce essentielle du puzzle national. Cette reconnaissance et cette valorisation des spécificités locales renforcent le sentiment d'appartenance des habitant·es à leur région et contribuent à préserver la richesse et la diversité du patrimoine français. En fin de compte, *L'Atlas des régions naturelles* célèbre la France comme une mosaïque de communautés uniques, unies par une histoire commune mais distinctes dans leur identité et leurs traditions.

1 *L'Atlas des régions naturelles,* des photographes Éric Tabuchi et Nelly Monnier est un projet au long cours engagé en 2017 : il vise la documentation globale des 450 régions naturelles – ou « pays » – qui composent le territoire français. On peut consulter les archives de leur travail sur le site : www.archive-arn.fr/.

Quelques exemples d'architecture vernaculaire à l'échelle du terroir en France :

Les chaumières normandes : ces maisons traditionnelles de Normandie sont reconnaissables à leur toit de chaume, à leurs colombages et à leurs volets en bois.

Les maisons à colombages en Alsace : typiques de l'architecture alsacienne, ces maisons sont construites en bois et en torchis, avec des pignons à colombages, souvent ornés de motifs décoratifs.

Les bastides en Occitanie : les bastides sont des villages fortifiés caractéristiques du sud-ouest de la France. Leur plan en damier et leurs maisons en pierre témoignent de l'organisation urbaine spécifique de la région.

Les mas provençaux : les mas sont de grandes fermes traditionnelles de Provence, souvent construites en pierre et avec des toits en tuile. Ils sont entourés de champs de lavande, d'oliviers et de vignobles.

Les penty en Bretagne : ces petites maisons traditionnelles bretonnes sont construites en pierre avec un toit en ardoise. Elles sont souvent regroupées en hameaux.

Les caselles du Quercy : ces abris en pierre sèche, typiques de la région du Quercy, étaient utilisés comme remises, bergeries ou abris pour les bergers. Leur construction sans mortier est un remarquable exemple de savoir-faire local.

Les maisons en torchis du Berry : construites à partir de briques de terre crue mélangée à de la paille, ces maisons sont souvent peintes en blanc et ont un toit en chaume.

PRATIQUE POLITIQUE DU TERROIR

De nombreuses traditions locales ont émergé pour des raisons politiques dans la conflictualité entre propriétaires et employé·es, ou entre dominant·es et dominé·es.

Marquée par son passé de résistance et d'engagement social, la 5e circonscription du Gard, qui englobe Le Vigan et ses environs, se trouve aujourd'hui au cœur d'une bataille électorale cruciale face à l'extrême droite. Historiquement, cette région a toujours été un bastion de la gauche, imprégnée des valeurs de la Résistance et des mobilisations pour les droits sociaux. Le terroir du Viganais, caractérisé par des reliefs très encaissés, a favorisé le développement d'une communauté résiliente et solidaire. La topologie particulière du Viganais a joué un rôle crucial dans son histoire. Les paysages escarpés et densément boisés ont fourni des refuges naturels pour les protestants persécutés aux XVIe et XVIIe siècles, ainsi que pour les résistants durant la Seconde Guerre mondiale. Ce terrain difficile d'accès a non seulement permis aux habitant·es de se défendre contre les agressions, mais a également cultivé un esprit d'indépendance et de solidarité qui perdure encore aujourd'hui. Cependant, cette même région est désormais confrontée à la montée du Rassemblement national (RN)[1]. La crise économique, les difficultés d'accès aux services publics et le sentiment d'abandon des zones rurales ont nourri un terreau fertile pour les discours populistes de l'extrême droite. Malgré cela, de nombreux habitant·es du Vigan et des environs veulent croire que rien n'est perdu. Leur lutte continue pour que leur région reste une « terre d'accueil », fidèle à ses valeurs historiques d'hospitalité et de justice sociale. La bataille électorale qui se joue dans la 5e circonscription du Gard est donc bien plus qu'une simple compétition politique. Elle représente un affrontement entre deux visions du monde : celle d'une

1 « Résultats de la 5e circonscription du Gard au second tour des législatives 2024 », *Le Télégramme*.

communauté profondément ancrée dans la tradition de la résistance et de la solidarité, et celle d'une force populiste cherchant à capitaliser sur les peurs et les frustrations des habitant·es.

Dans le registre des traditions politiques locales, nous pouvons citer le banc bourguignon, qui est un chant traditionnel et une forme de célébration collective lors des fêtes et rassemblements en Bourgogne. Il est souvent accompagné de gestes spécifiques et de claquements de mains. Cette tradition renforce l'identité régionale et la cohésion sociale. Les fêtes et événements culturels où ce chant est pratiqué bénéficient parfois de subventions publiques, ce qui témoigne d'une reconnaissance et d'un soutien politique.

La farandole est une danse traditionnelle provençale où les participant·es se tiennent par la main en formant une chaîne et se déplacent en rythme. Elle est souvent pratiquée lors de fêtes et de festivals. La promotion de la farandole par les institutions locales et régionales aide à préserver le patrimoine culturel et à promouvoir le tourisme. Le fest-noz, quant à lui, est une fête bretonne traditionnelle avec de la musique, de la danse et des chants. Cette tradition inclut des danses en cercle ou en ligne, telles que l'an-dro et le hanter-dro. Le fest-noz a été reconnu par l'Unesco comme patrimoine culturel immatériel de l'humanité. Cette reconnaissance permet de soutenir les politiques de préservation du patrimoine et de promotion de la culture bretonne, ainsi que de favoriser le tourisme culturel. Les collectivités locales peuvent également utiliser ces événements pour promouvoir la langue bretonne et les traditions régionales.

Le carnaval de Dunkerque est célèbre pour ses géants et ses moments festifs intenses. Chaque année, c'est toute la ville qui défile, avec chants et bals masqués. Le carnaval de Dunkerque, une des traditions les plus emblématiques du terroir du nord de la France, incarne parfaitement une pratique collective conçue pour effacer les distinctions sociales et renforcer la cohésion communautaire. Pendant cette période festive, les habitant·es de Dunkerque et des environs se rassemblent, déguisé·es et souvent méconnaissables. Les barrières sociales tombent le temps du carnaval, où tous et toutes se mêlent sans distinction de classe, de statut ou de profession. Les « bandes de Dunkerque » et les « bals du carnaval » sont des moments de partage et de solidarité, où l'égalité et l'esprit communautaire priment. Les participant·es, qu'on appelle les « carnavaleux », se retrouvent pour célébrer ensemble, renforçant ainsi les liens sociaux et l'identité collective de la ville. Ce carnaval, avec ses costumes extravagants et ses rituels joyeux, témoigne de la capacité des traditions populaires à rassembler les gens au-delà de leurs différences, en créant un espace de fête et de convivialité partagée.

Les banquets de moissons en Bretagne, loin de n'être que de simples fêtes agricoles, représentent des manifestations tangibles d'un modèle social et politique fondé sur l'entraide, l'égalité et la participation communautaire. Ces rassemblements, qui se déroulent à la fin des récoltes, réunissent toute la communauté pour partager un repas festif en plein air. Historiquement, ces banquets ont servi à renforcer les liens sociaux en transcendant les distinctions de classe, de richesse et de statut social. Chaque membre de la communauté, indépendamment de sa position économique, participe et contribue à ces festins, illustrant un esprit de partage et de réciprocité qui est au cœur des valeurs bretonnes.

Les veillées en Auvergne sont une autre tradition politique et sociale, ancrée dans la culture rurale de la région. Ces rassemblements nocturnes, où les villageois·es se retrouvent autour du feu pour raconter des histoires, chanter et échanger des nouvelles, jouent un rôle crucial dans la cohésion sociale, en rassemblant toutes les générations. En réunissant des individus de tous horizons sociaux, les veillées effacent les distinctions de classe et renforcent l'unité communautaire. Politiquement, elles incarnent une forme de démocratie participative et directe, où les discussions sur les affaires du village, les décisions collectives et les résolutions de conflits se déroulent dans un cadre informel mais structuré. Cette tradition permet une gouvernance locale basée sur la concertation et le consensus. Une association régionaliste auvergnate s'intitule d'ailleurs « Les veillées d'Auvergne ».

La fenaison collective dans les régions alpines est une autre tradition qui incarne des valeurs politiques et sociales, au-delà de son aspect agricole. Pendant cette période cruciale, les habitant·es se rassemblent pour couper et ramasser le foin, transformant une tâche laborieuse en un événement communautaire majeur.

CONCLUSION : UN « MODE DE VIVRE »

Le terroir est aujourd'hui un *mode de vivre* profondément écologique et social. On pourrait le définir comme la capacité et le désir, pour une communauté partageant un espace commun, de comprendre ses propriétés propres et d'en tirer les plus spécifiques au service du lien social, du respect de la nature et de la transmission de la mémoire. Ce *mode de vivre* s'appuie d'abord sur l'écoute, l'observation et la contemplation en dehors de soi. C'est de ce regard curieux que naît un terroir, c'est de cet œil pétillant qui comprend l'humidité de la Bourgogne, le vent du mistral et l'inclinaison du Saint-Émilion que provient un *mode de vivre* contemplatif et engagé à la fois. Le terroir, c'est la contemplation dans l'action.

Le terroir est un outil puissant pour accomplir une utopie réaliste de justice sociale et climatique. Sa récupération par l'extrême droite et son association abusive avec une mauvaise compréhension de la tradition et des mœurs conservatrices n'empêcheront pas d'en faire un lieu privilégié de l'action révolutionnaire à venir. Des révolutions sont en cours, elles sont nombreuses, et pour être durables, solides et populaires, elles devront s'implanter dans les terroirs de nos vies collectives. Connus ou inconnus, urbains ou agricoles, touristiques ou encore inexistants, oubliés ou réputés, ces terroirs sont des terreaux de nos idéaux et de nos espoirs. Ils sont des espaces, des façons de se nourrir, des références partagées et des formes de relations vivantes dans des communautés d'appartenances inclusives qui sont autant de préfigurations des révolutions écologiques et sociales à venir. Ce constat n'est pas nouveau et depuis plusieurs siècles, le terroir est une terre de lutte et d'engagement, un endroit pour mener le rapport de force contre l'injustice !

CHAPITRE 2

LE TERROIR, UNE HISTOIRE DE LUTTES

HISTOIRE MILITANTE, DE LA COMMUNE AUX ZAD

Le terroir contemporain comporte une évidente convergence avec l'impératif de transition écologique et sociale – mais cette convergence n'est pas nouvelle. Dans l'histoire des luttes, le terroir a souvent été le point de départ des combats les plus emblématiques contre le système capitaliste.

Le terroir, c'est une relation. Vecteur d'identification et support de ce sentiment d'appartenance, il est néanmoins d'abord et avant tout une interaction. Incarnant la saine interdépendance entre l'humain et son milieu, il est cette façon qu'ont les hommes et les femmes de tirer le meilleur profit de ce qui les environne. C'est-à-dire de trouver les meilleures vertus de la terre, du ciel, de l'eau autant que de révéler la singularité de chacun des espaces où ces éléments participent d'un écosystème métabolique et vivant.

Dans cette plus petite échelle territoriale, la plus petite homogénéité constatable, le terroir, c'est l'échelle de la petitesse et de la suffisance assumée de celle-ci, la satisfaction d'ici et là. Il nous invite à porter notre attention sur ce petit échelon accessible à cheval dans la journée. Cette notion de proximité est au cœur de l'histoire de la gauche et des révolutions. Parce que l'expérience politique ne se vit pas à distance mais dans la proximité géographique, dès le mois d'août 1789, les femmes de Paris exigèrent du roi Louis XVI qu'il retourne au palais des Tuileries avec sa famille. Pendant tout le processus révolutionnaire, l'Assemblée constituante était à deux kilomètres du siège de la Commune de Paris. La seconde veillant sur la première pour permettre à ce plus petit niveau révolutionnaire, la section, de veiller sur le plus haut niveau de la Révolution : la Constitution.

De la Commune au municipalisme, la gauche a porté dans son ADN ce souci du plus proche aux dépens du plus lointain. La proximité a irrigué son projet politique et l'a associé à une garantie de démocratie, sociale et désormais écologique. De Louise Michel aux ZAD, le plus petit territoire à défendre est en fait un terroir de lutte, un terroir militant. Cela n'est pas un hasard, c'est parce que la proximité est humaniste en elle-même : elle est l'échelle qui permet d'entendre et d'impliquer chacune et chacun. Elle est aussi cette échelle qui permet de mesurer l'impact de nos avancées. Elle est enfin cette échelle qui permet de faire de la politique à taille humaine. Au cœur de cette proximité, la gauche a inventé un support de notre appartenance à la société : la municipalité !

LA COMMUNE EN TROIS HISTOIRES

Dans son ouvrage *La Forme-Commune. La lutte comme manière d'habiter*[1], Kristin Ross explore la notion des « communs », qui s'épanouit lorsque l'État recule, comme lors de la Commune de Paris en 1871. Avec l'idée de « commune », les communautés se réapproprient l'espace et développent des modes de vie alternatifs, en résistance à l'accaparement des terres et à la logique capitaliste. Les exemples contemporains incluent la ZAD de Notre-Dame-des-Landes et les mouvements contre les pipelines. Les communs, communes et coopératives proposent une réflexion sur la réinvention de l'habitat et de la production en marge de l'État. C'est l'occasion de revenir sur trois étapes de la Commune de Paris et son ouverture vers le municipalisme, ou communalisme de Bookchin.

LA COMMUNE LÉGALE DE PARIS : 25 JUIN 1789 - 10 AOÛT 1792

La ville et la démocratie entretiennent une relation d'interdépendance vieille de plusieurs millénaires. Ce plus petit échelon de l'organisation sociale est à l'origine même de la politique, dont l'étymologie, rappelons-le, provient de *polis*, en grec, la cité. Aristote, dans son ouvrage *La Politique*, en proposait trois grandes formes de gouvernement. Par ordre d'apparition : l'oligarchie, la tyrannie et la démocratie. L'Europe médiévale s'est aussi constituée en un vaste réseau de villes fortifiées au service des campagnes qui les entouraient, dans un maillage territorial largement dominé par l'Église. La cité disparaît au profit du diocèse et surtout de la paroisse. À partir

1 Kristin Ross, *La Forme-Commune. La lutte comme manière d'habiter*, La Fabrique, Paris, 2023.

du Ve siècle, la paroisse – terme provenant des pâturages et du pasteur de brebis, reprenant le symbolisme évangélique de Jésus guidant son troupeau – devient le plus petit échelon territorial, à l'échelle du hameau ou du village. La paroisse est dirigée par un curé (terme dérivant du latin *cura*, le soin). Le curé, en véritable berger, administre cette plus petite subdivision, sans aucun esprit démocratique, mais dans une perspective théocentrique d'une humanité gérée par les représentants de Dieu sur terre, selon l'Église catholique romaine. La paroisse se substitue donc à la *polis* grecque et à la ville (issue du latin *villa*, maison de campagne) qui, toutes deux, ne deviennent que des termes d'aménagement économique et infrastructurel, laissant à la paroisse et à la cité le soin d'en donner la valeur juridique et administrative. Il n'est donc pas étonnant que les révolutionnaires de 1789 aient pris comme un impératif moral que soit investi cet échelon de la vie collective avec un tout autre récit que celui de la paroisse, prééminent depuis quatorze siècles dans la chrétienté occidentale.

Dans la même logique d'inversion du sens de la souveraineté que celle opérée par la patrie à la place de la monarchie de droit divin, les révolutionnaires reprennent à leur compte deux termes issus des anciennes provinces romaines. D'une part, la municipalité qui vient de l'Antiquité : les municipes, c'est-à-dire les villes administrées avec leurs lois propres, les villes indépendantes et non soumises au diktat de l'empereur, mais à leur propre souveraineté et à celle de leurs habitant·es. D'autre part, la commune qui provient de la *communia*, c'est-à-dire la communauté des gens, la mise en commun des ressources des habitant·es d'un lieu. Ainsi, pour habiter cette vie de la cité (la politique), avec cet usage de la ville, la paroisse est remplacée par la commune, elle-même administrée par une municipalité. La commune renvoie à la personnalité morale de l'ensemble des habitant·es, et la municipalité à l'ensemble des organes de son administration et de son gouvernement.

La première Commune de Paris est créée le 25 juin 1789, à l'aube de la Révolution française. Une semaine plus tôt, le 17 juin, à Versailles, les députés du tiers état se sont alliés à quelques députés du clergé et de la noblesse pour se constituer solennellement en Assemblée nationale. Chassés de leur lieu de réunion le 20 juin, ils se replient dans la salle voisine du Jeu de paume, où ils font le serment de rédiger une Constitution, et sont rejoints le 25 juin par une vingtaine de membres de la noblesse réfractaires à l'organisation en ordres. Le même jour, à Paris, l'Assemblée des électeurs de la ville de Paris désigne 12 délégués[1] pour se rendre à Versailles et y reconnaître l'Assemblée au nom de Paris. Il faut rappeler ici que le roi Louis XVI, lui, n'a pas encore reconnu l'Assemblée (il le fera le 27 juin), et que les soulèvements populaires se multiplient pour soutenir la dynamique constituante. Avec le recul, la rapidité avec laquelle les travaux de l'Assemblée sont connus des villes est impressionnante[2]. En 24 heures, chaque coin du royaume et chaque ancienne assemblée d'électeurs se tiennent activement informés des évolutions à Versailles[3] et guettent la reprise des revendications consignées dans les cahiers de doléances.

La Commune de Paris est créée comme un espace de continuité avec l'Assemblée générale des électeurs de Paris, réunie dans le cadre des états généraux. C'est à l'initiative de Camille Desmoulins que naît, le lundi 13 juillet, un comité permanent pour représenter Paris, c'est-à-dire un exécutif municipal. Desmoulins décide par la même occasion[4] la création d'une milice citoyenne parisienne, qui deviendra la première Garde nationale. Les troupes royales massées autour de la capitale

1 Extrait du procès-verbal de l'Assemblée des électeurs de la Commune de Paris, lors de la séance du 26 juin 1789 [décrets, lois et arrêtés].

2 Procès-verbal des séances et délibérations de l'Assemblée générale des électeurs de Paris, réunis à l'Hôtel de Ville le 14 juillet 1789.

3 Michel Eude, « La Commune robespierriste », *Annales historiques de la Révolution française*, n° 59, septembre-octobre 1933, p. 412-425.

4 « Commune de Paris (juillet 1789-octobre 1795) », Encyclopédie Larousse.

continuent de faire craindre le pire à la population parisienne, qui décide de s'armer. Le but est à la fois de maintenir l'ordre face aux émeutes aux barrières d'octroi (les portes de la ville), mais aussi et surtout de s'apprêter à combattre les Allemands et les Suisses stationnés aux abords de la capitale alors que la réconciliation entre Louis XVI et la Constituante n'est toujours pas scellée. Levée par la Commune légale de Paris, la Garde parisienne compte 12 000 hommes avant que ce chiffre ne soit porté à 48 000, soit 800 hommes pour chacun des 60 districts parisiens. Les volontaires qui y participent sont issus de toutes les couches de la société. Avant la production des uniformes, le premier signe de ralliement est celui de la cocarde bleu et rouge, couleurs de la ville de Paris et nouvel emblème de la Commune légale. L'existence de la Commune de Paris permet aux électeurs parisiens d'être représentés pour négocier avec différents interlocuteurs de la monarchie. Dès le 13 juillet, les représentants de la Commune réclament la livraison d'armes. Comme les négociations échouent, la foule prend d'assaut les Invalides et s'empare de 40 000 fusils à poudre. Les Parisiens sont désormais armés mais il leur manque la poudre, précisément. Le lendemain, mardi 14 juillet, dans un climat insurrectionnel plus large, la Commune légale de Paris envisage de négocier avec la Bastille pour obtenir les stocks de poudre[1] – l'échec de la négociation entraînera la prise que l'on connaît.

La Commune de Paris dispose alors d'un pouvoir législatif (l'Assemblée des électeurs parisiens), d'un exécutif (le gouvernement révolutionnaire), d'une fiscalité directe (la barrière d'octroi des fermiers généraux est tombée aux mains des Parisiens) et surtout d'une armée. Cette organisation à l'échelle ultra-locale, alors que le pouvoir est à Versailles, va inspirer l'entièreté du pays qui va peu à peu reproduire le même modèle. Pendant que la Constituante autoproclamée assiste béate aux événements de Paris, des patriotes créent

1 www.worldhistory.org/trans/fr/1-20766/la-prise-de-la-bastille/.

des communes légales dans tout le pays. Une révolution a lieu dans la Révolution. La ville devient un pouvoir politique. Paris devient la garante et l'organisatrice de la Révolution.

Elle inaugure ainsi plusieurs années de conflits et de rapport de force avec les institutions nationales et légitimes de la monarchie constitutionnelle, de la Convention et du Directoire. Paris devient un personnage de la Révolution. La Commune légale est dotée de toutes les capacités pour agir politiquement, économiquement et militairement, et elle comprend que c'est par elle, en elle et chez elle qu'adviendra le modèle à venir. Par la même occasion s'inaugure le prochain conflit avec les autres villes de France. Paris est-il une ville parmi d'autres, initiatrice du contrôle populaire sur le destin du pays, par contingence ou avantage démographique ? Ou est-il la ville au-dessus des autres, celle par laquelle la véritable révolution arrive ? Ce débat n'est toujours pas clos. Paris incarne le modèle d'une ville où la proximité crée aussi de la souveraineté. Le pouvoir procède de l'immédiateté territoriale. Il faut 30 minutes pour aller de la Concorde à la Bastille à pied, en croisant au milieu de ce trajet le siège de la Commune légale de Paris, dans les locaux de l'actuel Hôtel de Ville. Comprenant bien la puissance de cette proximité comme fondement d'organisation démocratique, les Parisiennes se rendent à Versailles quelques mois plus tard, en octobre, pour exiger du roi et de sa famille leur installation aux Tuileries. Paris peut ainsi parfaire sa domination sur le processus révolutionnaire. L'Assemblée nationale, elle aussi, quitte Versailles pour la salle du Manège à Paris, dont il n'existe pas de vestiges mais qui se situait près de l'actuel 232, rue de Rivoli, devant le parc des Tuileries.

Aujourd'hui encore, signe de cette place singulière, chaque président de la République nouvellement élu poursuit un rituel ininterrompu : se rendre à l'Hôtel de Ville pour y signer le parchemin de la ville et y écouter le discours des élu·es attestant de la reconnaissance de son élection. Paris vigile, Paris protecteur, Paris ville politique.

La Commune légale va durer trois ans, du 1er octobre 1791 au 21 septembre 1792. C'est elle qui amorcera aussi le passage à la République après maints espoirs déçus en la personne du roi et le sentiment de trahison répétée de la part des nobles français et étrangers.

Le 15 juillet 1789, au lendemain des événements de la Bastille, deux nouvelles décisions sont prises par la Commune et la Constituante. Le premier maire de Paris est élu par l'Assemblée des électeurs des 60 districts, et la Constituante confie à Lafayette la charge de diriger la Garde nationale parisienne et les bataillons municipaux en cours de création dans toutes les villes. À partir du 20 juillet, toutes les cités françaises se dotent progressivement d'un bataillon local.

Le premier maire de Paris est Jean-Sylvain Bailly, bien connu des Parisiens pour avoir participé à l'animation de la rédaction des cahiers de doléances en 1788, puis pour avoir été le premier député de Paris aux états généraux (et même brièvement président de l'Assemblée nationale). C'est lui qui, en tant que maire, remet la cocarde tricolore au roi lors de sa visite à l'Hôtel de Ville, le 17 juillet, pour mettre fin à la discorde entre la cour et l'Assemblée. De son élection comme maire de Paris jusqu'au vote de la Constitution à l'été 1791, Bailly[1] reste aussi député de la Constituante et participe aux travaux législatifs tout en dirigeant la nouvelle Commune parisienne.

À la Constituante comme à la Commune de Paris, désormais éloignées de deux kilomètres seulement, l'automne 1789 est celui de l'apaisement et du retour au calme après un été agité et insurrectionnel, et ces deux instances deviennent comme les deux jambes du rythme révolutionnaire à l'œuvre.

1 Edwy Plenel lui a consacré un ouvrage en écho à une phrase oubliée qu'il a prononcée sur la presse et la liberté d'écrire et de publier : *La Sauvegarde du peuple*, La Découverte, Paris, 2020.

Le mois de décembre voit l'avènement du premier texte législatif sur la nouvelle organisation territoriale. Le 14 décembre 1789, 44 000 municipalités sont créées[1]. La plupart d'entre elles avaient déjà organisé la levée d'un bataillon de la Garde nationale. Les textes de la Constituante consacrent le principe d'uniformité, exigeant que tous les Français soient soumis à une administration identique. Les administrations locales des communes, districts et départements doivent donc être régies par des règles similaires au nom du principe d'égalité devant la loi, défini par la Déclaration des droits de l'homme et du citoyen de 1789, et la fin des privilèges est votée le 4 août 1789.

Jusqu'en 1792, la Commune légale de Paris sera l'épicentre de nombreux événements décisifs de la nouvelle relation que la France entretient avec son territoire. Par la loi du 21 mai 1790, le gouvernement révolutionnaire devient un organisme régulier, reconnu par la Constituante. Le comité général de la Commune de Paris, dont les membres sont élus par les citoyens des 48 sections révolutionnaires de la ville (qui ont succédé aux 60 districts), dispose d'un statut juridique. La ville de Paris préfigure aussi l'avenir du conseil municipal. Les sectionnaires, surnommés les sans-culottes, sont ceux qui viennent aux réunions des 48 sections, se tenant à l'époque dans les églises ou les cafés, et qui décident des prochaines actions à mener. Ils préfigurent le *community organizing*, théorisé bien plus tard par le sociologue américain Saul Alinsky (1909-1972)[2].

L'*organizing*, ou l'art d'organiser les communautés pour le changement social, repose sur plusieurs principes fondamentaux, fortement influencés par des figures comme Saul Alinsky et Stacey Abrams (élue de la Chambre des représentants de Géorgie aux États-Unis). Ces principes trouvent également leurs racines dans les traditions de l'organisation

1 https://www.britannica.com/topic/history-of-France/The-French-Revolution-and-Napoleon-1789-1815.

2 Saul Alinsky, *Être radical*, Aden Belgique, Bruxelles, 2012 [1971].

municipaliste et de la mobilisation locale, qui prônent l'engagement citoyen et le pouvoir communautaire.

Saul Alinsky, pionnier de l'*organizing* communautaire, croyait fermement au pouvoir du peuple et à la nécessité de rendre ce pouvoir aux individus. Il voyait les organisations communautaires comme des moyens d'unir les citoyen·nes et de défendre leurs intérêts face aux institutions puissantes. Alinsky estimait que le conflit et la confrontation étaient inévitables dans la lutte pour le changement social, encourageant ainsi l'utilisation de tactiques de pression pour obtenir des résultats. Ses stratégies étaient pragmatiques et souvent provocantes, visant à attirer l'attention et mobiliser le soutien. Il mettait aussi un accent particulier sur l'organisation de la base, en mobilisant les personnes ordinaires pour qu'elles deviennent les protagonistes du changement social.

De son côté, Stacey Abrams (née en 1973) apporte une perspective moderne et inclusive à l'*organizing*. Elle met l'accent sur l'inclusion et la diversité, considérant la représentation de diverses communautés comme une force essentielle. Abrams encourage la participation civique, notamment à travers le vote et l'engagement dans les processus politiques locaux, et a mené plusieurs initiatives pour augmenter l'inscription des électeur·ices et la participation électorale. Son travail vise à autonomiser les communautés marginalisées en leur fournissant les outils et les connaissances nécessaires pour participer efficacement au processus démocratique. Contrairement à l'approche souvent conflictuelle d'Alinsky, Abrams privilégie la collaboration et la formation de coalitions, croyant en la construction de ponts entre différentes communautés pour atteindre des objectifs communs.

Les principes d'Alinsky et d'Abrams s'inscrivent dans la tradition de l'organisation municipaliste et de la mobilisation locale, qui prônent la décentralisation du pouvoir et l'action locale. Ces mouvements visent à redistribuer le pouvoir vers les communautés locales, en encourageant une participation active des citoyen·nes dans les processus de décision. La solidarité et l'action collective sont valorisées, reconnaissant que des individus unis ont plus de pouvoir pour effectuer des changements significatifs. Les stratégies pragmatiques d'Alinsky et la flexibilité des initiatives d'Abrams reflètent également l'adaptabilité nécessaire aux contextes spécifiques des communautés, un principe central des mouvements municipalistes.

En somme, les approches d'Alinsky et d'Abrams en matière d'*organizing* trouvent leurs racines dans les pratiques de l'organisation municipaliste et de la mobilisation locale. Elles partagent une vision commune de l'empouvoirement communautaire, de la participation citoyenne et de la décentralisation du pouvoir, tout en adaptant leurs méthodes aux défis contemporains pour rendre les communautés plus résilientes et engagées.

LA COMMUNE INSURRECTIONNELLE DE PARIS : 10 AOÛT 1792 - 22 AOÛT 1795

Dans le cœur tumultueux de l'été 1792, Paris se métamorphose en un théâtre de passion et de fureur. Les ombres de l'Ancien Régime se dissipent sous l'élan du peuple et, au centre de cette tourmente, émerge la Commune insurrectionnelle de Paris, qui se substitue à la Commune légale. Elle incarne l'aspiration ardente à une liberté nouvelle, une justice implacable et une égalité fervente. Le 10 août 1792, l'histoire s'écrit dans le fracas des armes et les clameurs des sans-culottes. Les Tuileries, symbole imposant de la royauté, se dressent encore, mais leur majesté est bientôt réduite à néant par la détermination des Parisiens en révolte. Louis XVI, roi vacillant, est saisi par la marée populaire, et avec lui s'effondre le dernier bastion d'une monarchie millénaire.

C'est dans ce fracas que la Commune insurrectionnelle, comme un astre naissant, prend son envol. La Commune insurrectionnelle de Paris, ce nouvel aréopage révolutionnaire, n'est pas seulement une entité politique ; elle est le souffle même de la Révolution, vibrant dans chaque rue, chaque quartier, chaque cœur. Formée de délégués élus des 48 sections de la ville, elle se dresse en sentinelle de la liberté et en gardienne de la justice populaire. Ces sections, microcosmes de la volonté collective, sont les foyers ardents où se forgent les décisions, où s'élaborent les actions qui bouleverseront l'ordre établi. Chaque réunion est une veillée d'armes, chaque délibération un manifeste de la volonté populaire. La Commune devient ainsi le sanctuaire où se cristallise l'espérance d'un monde nouveau.

La Commune insurrectionnelle, dans son élan implacable, déploie une série de mesures destinées à affirmer sa souveraineté et à protéger la Révolution. Elle crée des tribunaux révolutionnaires, impitoyables et rapides, pour juger ceux qui se dressent contre la volonté populaire. Les jours de septembre 1792 sont marqués par des jugements sommaires et des exécutions massives. Pourtant, cette violence, si brutale soit-elle, est perçue comme un mal nécessaire pour garantir la survie de la jeune république. La Commune, dans sa rigueur, veille à ce que chaque citoyen contribue à l'effort collectif. Les réquisitions, la régulation des prix et la distribution de pain sont autant de mesures prises pour soulager les plus démunis et cimenter l'unité du peuple.

Les quartiers de Paris, ces terroirs vibrants d'histoire et de culture, sont le vivier d'où la Commune tire sa force. Du faubourg Saint-Antoine, berceau des artisans et des ouvriers, aux rues sinueuses du Marais, chaque pierre, chaque ruelle résonne des échos de la Révolution. Les sans-culottes, ces héros anonymes, incarnent l'âme de Paris, prêts à tout sacrifier pour l'idéal révolutionnaire. Les sections locales, véritables creusets de démocratie directe, sont les forums où s'expriment les aspirations, les colères et les espoirs des citoyens. C'est là que se tissent les liens de solidarité, que se forgent les alliances et que naît l'esprit indomptable de la Commune.

Quant au Parisis, région historique qui englobe Paris et ses environs, il joue un rôle crucial dans le soutien à la Commune insurrectionnelle.

Comme toute épopée, celle de la Commune insurrectionnelle est marquée par la tragédie. Après l'apogée vient la répression, et les idéaux, si exaltés, rencontrent les dures réalités de la politique. Les journées de thermidor, ce coup de tonnerre politique, marquent le déclin de la Commune. Les héros d'hier deviennent les ennemis de demain, et le rêve révolutionnaire se heurte à la volonté implacable de ceux qui souhaitent un retour à l'ordre. Le 22 août 1795, la Commune insurrectionnelle s'éteint, non sans avoir laissé une marque indélébile dans le cœur de Paris et dans l'âme de la Révolution.

De l'avènement du régime semi-autoritaire du Directoire (1795-1799) jusqu'aux débuts de la IIIe République (septembre 1870), l'expérience de la Commune de Paris sera à l'origine d'un rigoureux démantèlement de la part des différents régimes politiques se succédant en France, limitant les pouvoirs de la capitale à l'administration de la ville, et cherchant à réduire le poids de Paris dans le processus révolutionnaire national. C'est en 1871 que la Commune, dont le souvenir n'a pas disparu, renaît de ses cendres sous un visage totalement inédit, empreinte des nouvelles avancées marxistes de cette fin de XIXe siècle.

LA COMMUNE DE PARIS DE 1871

La Commune de Paris, proclamée le 18 mars 1871, est profondément enracinée dans l'histoire de Paris et constitue une forme de terroir parisien. Si l'on s'en tient à cette définition de l'interaction entre l'humain et son milieu, les communards vont parfaitement mobiliser la géomorphologie de la capitale pour y organiser la Commune de 1871. Paris, avec ses quartiers populaires, ses traditions de révolte et ses aspirations démocratiques, a toujours été un foyer de contestation et d'innovation politique. La ville a une longue histoire de soulèvements et de révoltes populaires : les émeutes de la Fronde de 1648 à 1653, la Révolution française de 1789, les journées de juillet 1830 et la révolution de 1848 ont toutes marqué la ville. La population parisienne, composée principalement d'ouvrier·es, d'artisan·es et de petit·es commerçant·es, a été particulièrement affectée par les conditions économiques difficiles et les injustices. La volonté de changement social est profondément ancrée dans les quartiers populaires comme Belleville, Montmartre ou le faubourg Saint-Antoine.

La Commune de Paris a fait émerger et institutionnalisé plusieurs traditions populaires qui reflètent les aspirations démocratiques et égalitaires de ses habitant·es. Elle a instauré un modèle de démocratie directe où les citoyens participaient activement à la prise de décisions politiques. Les conseils de quartier et les assemblées populaires étaient des lieux où chacun pouvait s'exprimer et voter sur les questions locales. De nombreuses entreprises et ateliers ont été placés sous le contrôle des travailleurs organisés en associations et coopératives. Cette autogestion a permis aux ouvriers de décider collectivement des conditions de travail et de production. La Commune a mis en place des réformes éducatives progressistes, rendant l'éducation gratuite et accessible à tous, et favorisant l'enseignement laïque. Elle a aussi encouragé les activités culturelles, l'accès à l'art et la promotion de la culture populaire. La Commune a pris des mesures pour améliorer les conditions de vie des plus pauvres, comme le moratoire sur les loyers et la suppression des amendes et des dettes des petits commerces. Elle a également promu l'égalité des sexes et soutenu les droits des femmes.

Ainsi, née de son histoire de révolte, de sa structure sociale et de sa culture politique, la Commune de Paris en 1871 est un pur produit du terroir parisien. Elle a fait émerger des traditions populaires de démocratie directe, d'autogestion et de justice sociale, qui reflètent les aspirations profondes des habitant·es de Paris.

LE MUNICIPALISME

Le municipalisme est une forme de gouvernance locale qui valorise la participation directe des citoyen·nes, l'autogestion communautaire et la solidarité locale. Cette philosophie politique trouve ses racines dans les communes médiévales européennes et a connu plusieurs renaissances, notamment durant la Révolution française et au cours des mouvements sociaux du XXIe siècle. Explorons l'histoire du municipalisme et son renouveau contemporain, afin de réfléchir sur son application potentielle aux terroirs de France.

Le municipalisme émerge au Moyen Âge, particulièrement dans les cités italiennes, les villes de la Hanse en Europe du Nord et les communes flamandes. Ces entités politiques se caractérisent par une autonomie locale et une gouvernance par des assemblées de citoyens ou de représentants élus. Les communes médiévales instaurent des formes de démocratie locale, où la gestion des affaires publiques est directement influencée par les citoyens.

La Révolution française de 1789 marque une période cruciale pour le municipalisme. Les sections parisiennes, notamment, incarnent un modèle de démocratie directe. Ces assemblées de quartier permettent aux citoyens de participer activement à la gouvernance locale et de discuter des affaires publiques. La période révolutionnaire voit l'émergence de communes autonomes qui expérimentent des formes de gestion collective et de participation citoyenne.

Au XXIe siècle, le municipalisme connaît un regain d'intérêt face à la centralisation des pouvoirs et aux défis globaux que sont la crise climatique et les inégalités sociales. Des villes comme Barcelone, en Espagne, ou Jackson, aux États-Unis, ainsi que des régions autonomes comme le Chiapas au

Mexique et le Rojava au nord de la Syrie mettent en pratique des principes municipalistes, axés sur la démocratie participative, l'autogestion économique et la résilience locale.

La théorie du municipalisme contemporain doit beaucoup à Murray Bookchin (1921-2006), philosophe, historien et activiste américain. Il a critiqué les structures étatiques centralisées et proposé des alternatives basées sur la démocratie directe, l'autogestion et l'écologie. Bookchin prône une démocratie directe où les citoyen·nes participent activement à la prise de décisions politiques dans des assemblées locales. Il s'oppose à la démocratie représentative, qu'il considère comme éloignée des véritables aspirations populaires.

Les communes locales, selon Bookchin, devraient se fédérer en réseaux plus larges pour coordonner leurs actions et partager leurs ressources. Ce confédéralisme permettrait de maintenir l'autonomie locale tout en ayant une coopération à plus grande échelle. Il affirme que les problèmes environnementaux sont profondément liés aux structures sociales hiérarchiques. Il propose une société écologique où les relations humaines avec le vivant sont harmonieuses. L'économie, dans la vision de Bookchin, devrait être décentralisée et basée sur des coopératives autogérées : les ressources et la production seraient contrôlées collectivement par les communautés locales. L'éducation et la culture jouent un rôle central dans le municipalisme libertaire de Bookchin puisqu'il appelle à une éducation qui prépare les citoyen·nes à participer activement à la vie politique et à promouvoir des valeurs écologiques et communautaires. La pensée de Murray Bookchin pourrait trouver un terrain fertile dans les terroirs de France, où les traditions locales et la diversité régionale offrent un cadre propice à l'expérimentation de nouvelles formes de gouvernance et de coopération.

La France, avec sa riche diversité régionale et ses traditions locales, offre un terreau fertile pour l'application du municipalisme. Chaque terroir français, des vignobles de Bordeaux

aux montagnes du Jura, en passant par les villages provençaux et les bords de la Loire, possède des caractéristiques uniques qui peuvent être valorisées dans un cadre municipaliste. Le municipalisme, avec ses racines profondes dans l'histoire européenne et ses applications contemporaines novatrices, offre une voie prometteuse pour la gouvernance locale en France. En appliquant ses principes de démocratie directe, d'autogestion et de solidarité aux terroirs français, il est possible de créer des communautés résilientes, inclusives et écologiquement durables.

La principale différence entre le communalisme et le municipalisme réside dans leur cadre d'application et leurs structures. Le communalisme envisage une réorganisation radicale de la société basée sur des communautés autonomes interconnectées, tandis que le municipalisme se focalise sur la transformation des structures municipales existantes pour promouvoir l'autogestion et la démocratie participative.

Le communalisme, tel que formulé par Murray Bookchin, commence à prendre forme dans les années 1960 et 1970 avec ses écrits sur l'écologie sociale et la critique de l'État centralisé. Il gagne en popularité à partir des années 1980 et 1990, particulièrement avec le développement du « municipalisme libertaire ». Plus récemment, le municipalisme a été mis en avant par des mouvements politiques contemporains, comme le mouvement espagnol des « Indignados » et les initiatives comme « Barcelona en comú », en Espagne. Le communalisme propose une alternative radicale aux structures politiques et économiques dominantes, en mettant l'accent sur la démocratie directe et l'autogestion à travers des structures confédérales. Le communalisme repose sur la création de conseils locaux (communes) où les décisions sont prises de manière démocratique et participative. Ces communes sont ensuite reliées par des structures confédérales, permettant une coordination à plus grande échelle sans centraliser le pouvoir. La distinction entre délégué·es et représentant·es est cruciale : les délégué·es sont mandaté·es pour transmettre les décisions des assemblées locales, sans pouvoir décisionnel propre, contrairement aux représentant·es traditionnel·les.

Le concept de double pouvoir vise à créer des contre-institutions capables de défier et éventuellement de remplacer l'État-nation et les structures capitalistes. Ce double pouvoir est exercé par les assemblées populaires et les structures confédérales qui coordonnent les efforts de ces assemblées.

Le mouvement des Gilets jaunes, en particulier à travers l'Assemblée des assemblées (ADA), illustre une tentative moderne de mise en pratique du communalisme, avec une coordination des actions locales à travers des assemblées populaires. En créant sur les ronds-points des forums de discussion ouverts et inclusifs, les Gilets Jaunes ont montré comment les communautés locales peuvent s'organiser de manière autonome et participative, sans dépendre des structures de pouvoir centralisées. Cette participation directe est un élément clé du municipalisme, qui vise à impliquer activement les citoyen·nes dans la gouvernance locale.

Ma grand-mère vit à côté de la petite ville de Commercy, et ce coin du terroir du Val de Meuse s'est retrouvé au centre du développement des Gilets jaunes. La Déclaration de Commercy, adoptée le 27 janvier 2019, a joué un rôle significatif, en incarnant et en articulant les aspirations démocratiques et auto-organisées du mouvement. Elle marque un moment clé où les Gilets jaunes ont cherché à structurer leur mouvement et à poser les bases d'une démocratie plus participative et locale. Élaboré lors d'une assemblée des Gilets jaunes, ce texte visait à exprimer les principes fondamentaux du mouvement et à proposer une voie d'organisation pour les Gilets jaunes à travers toute la France. La Déclaration de Commercy insiste sur la nécessité d'une démocratie directe, où les décisions sont prises par les citoyen·nes, sans intermédiaire politique. Elle appelle à la création d'assemblées locales et souveraines pour discuter et décider des actions à entreprendre. Elle met en avant l'importance de l'auto-organisation et de la décentralisation du pouvoir. Elle encourage la formation de comités locaux de Gilets jaunes, qui seraient interconnectés mais autonomes dans leurs décisions et actions. Elle souligne la solidarité entre les différents groupes de Gilets jaunes et l'importance de l'égalité dans la prise de décision. Chaque voix compte, et les décisions doivent être prises de manière consensuelle ou majoritaire, selon les principes de démocratie directe.

LA CENTRALITÉ DES TERROIRS DANS NOS LUTTES

Quand nous pensons aux collectifs de gauche ancrés dans un territoire, nous pouvons songer au Comité invisible, proche de Julien Coupat et du groupe de Tarnac[1]. Le Comité invisible est un auteur (ou un groupe d'auteurs) anonyme, connu pour ses écrits critiques sur la société contemporaine et ses appels à la révolte. Il est notamment célèbre pour ses ouvrages *L'Insurrection qui vient* (2007) et *À nos amis* (2014). Le Comité invisible a été classé à l'ultragauche par le ministère de l'Intérieur du deuxième gouvernement Fillon. Récusant l'étiquette d'« auteur », ce comité se revendique comme une « instance d'énonciation stratégique pour le mouvement révolutionnaire ».

Le groupe de Tarnac a émergé dans le contexte particulier de ce village de Corrèze, un territoire marqué par une histoire de résistance et de solidarité locale. Tarnac, avec sa population réduite et son éloignement des centres urbains, offrait un cadre

1 L'affaire dite de Tarnac commence le 11 novembre 2008, lorsque Julien Coupat est arrêté par la police antiterroriste avec neuf autres personnes, et mis en garde à vue dans le cadre de l'enquête sur le sabotage de caténaires sur des lignes de TGV, le 8 novembre 2008. Sans aveux ni preuves, Julien Coupat et le groupe de Tarnac ne sont jamais reconnus coupables. L'affaire est considérée comme un fiasco judiciaire.

propice à l'expérimentation d'une vie communautaire autogérée, en rupture avec les modèles de vie dominants. L'ancrage local du groupe, notamment à travers la gestion collective d'une épicerie et l'implication dans la vie quotidienne du village, incarnait une volonté de réactiver des formes de convivialité et de solidarité rurales, tout en expérimentant des pratiques politiques radicales. Cet ancrage local a permis au groupe de créer des liens forts avec les habitant·es, tout en restant relativement à l'abri des pressions extérieures, favorisant ainsi un espace de réflexion et d'action alternative durable.

« Il n'y a pas moi et le monde, moi et les autres, il y a moi, avec les miens, à même ce petit morceau de monde que j'aime, irréductiblement[1] », écrit le collectif en 2017 ; c'est « ici, maintenant, dans cette ville familière » que se vit l'expérience de la communauté. Tarnac n'est pas une exception. De plus en plus, les collectifs de gauche installent leurs luttes dans un lieu avec lequel ils ont une relation singulière. Concrètement, les ouvrières sardinières de Douarnenez n'ont pas revendiqué un Grand Soir lointain ou une abstraite société sans classes. Elles tirent de la sardine leur histoire et leur légitimité pour demander un salaire digne et des conditions de travail décentes. De cette lutte va naître en Bretagne la première ville communiste de France : en 1921, Douarnenez fut la première municipalité française à élire un maire communiste, quelques mois seulement après le congrès de Tours de 1920. La ville échappait ainsi, encore davantage, aux puissants industriels de la conserverie. Exception communiste en Bretagne, Douarnenez devint un phare du PCF sur le plan national. Et lorsque la grande grève des sardinières éclata en 1924 (nous y revenons en détail un peu plus loin), les ténors du Parti communiste et de la CGT-U furent à la manœuvre sur place. Cette victoire ouvrière, érigée au rang de symbole, favorisa l'ancrage du PCF dans la cité des « Penn sardin ».

1 Extraits de *Maintenant*, ouvrage du Comité invisible, La Fabrique, 2017.

À travers ces exemples, nous voyons comment les luttes n'obéissent pas à une idéologie éthérée, mais bien à une réalité visible de domination. Les habitant·es engagé·es enracinent leurs luttes dans la terre de l'endroit où se déroulent leur vie. Cet enracinement n'est évidemment pas en contradiction avec une appartenance plus globale, mais il donne de la crédibilité à une lutte vécue ici et maintenant, parce qu'à cet endroit, c'est cela qui se joue de concret et pas autre chose.

LES ZAD

Les « zones à défendre », plus connues sous l'acronyme ZAD, sont des espaces de contestation et de résistance contre des projets d'aménagement perçus comme destructeurs pour l'environnement et les communautés locales. Ces zones, souvent situées en milieu rural, s'enracinent profondément dans les terroirs où elles se trouvent, tirant leur force et leur légitimité de la spécificité des lieux et des traditions locales. Les ZAD s'inscrivent dans le terroir de plusieurs manières. Elles se trouvent souvent dans des régions écologiquement riches et diversifiées. Leurs défenseurs mettent en avant la biodiversité unique de ces terroirs, leur rôle dans la préservation de la faune et de la flore et l'importance de ces écosystèmes pour la régulation climatique et la qualité de l'eau. Les zadistes valorisent et protègent ce patrimoine contre les projets d'aménagement qui pourraient le détruire.

Les ZAD se forment autour de communautés locales et de militant·es qui partagent une vision commune de la protection de l'environnement et de la justice sociale. L'enracinement des ZAD sur un terroir se manifeste par plusieurs aspects qui soulignent leur relation intime avec le territoire. Ces espaces sont occupés de manière continue par des militant·es qui y vivent, y travaillent et y développent des projets autogérés. Cette occupation permanente symbolise leur attachement au lieu et leur détermination à le défendre. Les zadistes adoptent souvent des pratiques agroécologiques et permaculturelles adaptées aux spécificités du terroir. Les actions menées par les zadistes, qu'elles soient symboliques (manifestations, actions directes) ou juridiques (recours contre les projets d'aménagement), mettent en lumière l'importance du terroir comme espace à protéger.

Plusieurs ZAD célèbres illustrent cet enracinement sur un terroir spécifique. Située près de Nantes, la ZAD de Notre-Dame-des-Landes s'est formée en opposition à un projet d'aéroport. Ce terrain est caractérisé par ses zones humides, ses bocages et sa biodiversité exceptionnelle. Les militant·es y ont développé des fermes collectives et des projets agroécologiques. Dans le Tarn, la ZAD de Sivens s'est opposée à la construction d'un barrage sur la rivière Tescou. Cette zone est un exemple de la mobilisation pour la protection des milieux aquatiques et des terres agricoles, enracinée dans une tradition paysanne locale. La ZAD de Roybon, en Isère, s'est constituée contre un projet de centre de loisirs. Elle met en avant la protection des forêts et des zones humides, ainsi que des pratiques sylvicoles traditionnelles.

Les ZAD représentent une forme de résistance profondément enracinée dans les terroirs français. Elles tirent leur légitimité de la spécificité écologique, historique et culturelle des lieux qu'elles occupent et défendent. Par leur engagement, les zadistes rappellent l'importance de préserver les particularités locales face à des projets d'aménagement perçus comme destructeurs. Ainsi, ces expériences incarnent une défense active et vivante du patrimoine naturel et culturel, tout en promouvant des alternatives durables et respectueuses des terroirs.

LES SARDINIÈRES DE DOUARNENEZ

Les luttes des sardinières de Douarnenez représentent un chapitre marquant de l'histoire sociale et ouvrière de la Bretagne, symbolisant la mobilisation des travailleuses au début du XXe siècle. Ces ouvrières de la conserverie de sardines ont été au cœur de plusieurs mouvements de grève, notamment en 1905, en 1924 et en 1950, qui ont eu un impact significatif sur les conditions de travail et les droits syndicaux en France. Douarnenez, ville portuaire de Bretagne, est célèbre pour son terroir de la pêche à la sardine. Dès la fin du XIXe siècle, cette activité devient centrale, avec de nombreuses usines de conserverie qui emploient des milliers d'ouvrières, principalement des femmes, appelées « sardinières ».

Les sardinières travaillaient dans des conditions extrêmement dures. Les journées étaient longues, elles devaient traiter rapidement de grandes quantités de sardines, et le travail, répétitif et physiquement épuisant[1], se déroulait dans des environnements humides et souvent mal ventilés. Les salaires étaient bas et les protections sociales quasi inexistantes. Les estimations historiques indiquent que les sardinières gagnaient entre 1,50 et 2 francs par jour au début du XXe siècle. Ce revenu était insuffisant pour subvenir à leurs besoins et à ceux de leurs familles, d'autant plus que le travail était saisonnier et dépendait des captures de poissons.

En 1905, les sardinières de Douarnenez se soulèvent contre leurs conditions de travail et les bas salaires. Cette grève est l'une des premières grandes mobilisations ouvrières en France menées principalement par des femmes. Une jeune fille, Angelina Gonidec, devient porte-parole de la rébellion ouvrière en 1905. Le refus du contremaître de discuter avec les ouvrières mène à une mobilisation massive. La grève dure plusieurs semaines et se termine par quelques concessions des patrons, mais elle marque surtout le début d'une longue tradition de lutte ouvrière à Douarnenez. La grève de 1924 est une autre étape cruciale. Les sardinières réclament à nouveau une hausse des salaires et de meilleures conditions de travail. Cette grève est fortement influencée par le contexte politique de l'époque, marqué par la montée des mouvements syndicaux

1 Anne Crignon, *Une belle grève de femmes : Les Penn sardin. Douarnenez 1924*, Libertalia, Montreuil, 2023.

et socialistes. Le slogan « Pemp real a vo ! » (Cinq sous nous aurons !) devient l'hymne de la grève, résonnant dans toute la ville pendant six semaines. Les grévistes organisent des réunions, des discussions et des patrouilles quotidiennes pour maintenir la pression sur les employeurs. La grève est durement réprimée, mais elle parvient à attirer l'attention nationale sur la condition des ouvrières de la conserverie. En 1950, une nouvelle grève éclate, mettant en lumière les conditions de travail toujours difficiles des sardinières. Cette mobilisation aboutit à des améliorations significatives, notamment la réduction du temps de travail et une meilleure reconnaissance des droits syndicaux.

Les ouvrières chantaient des chants populaires et révolutionnaires. Ces chants incluaient des chansons de la mer, des complaintes sur la guerre, des récits de l'histoire locale et des hymnes révolutionnaires tels que *L'Internationale*. Le *Chant des sardinières* est désormais chanté lors des commémorations de la Commune au Père-Lachaise. Basé sur une mélopée de la grève des mineurs dans les Asturies en 1934, ce chant est un hommage aux luttes ouvrières féminines. Il souligne la continuité des luttes sociales et la transmission des histoires de résistance par la chanson. Les luttes des sardinières ont laissé un héritage durable. Les récits de leurs grèves et de leurs combats ont été transmis de génération en génération, inspirant de nombreux mouvements sociaux en Bretagne et au-delà. Des œuvres littéraires et des documentaires, comme celui de Marie Hélia en 1989, intitulé *L'Usine rouge*, témoignent de leur courage et de leur détermination.

LES ÉLEVEURS DU LARZAC

Le mouvement de résistance des habitant·es et des militant·es du Larzac contre l'extension du camp militaire a profondément marqué les années 1970. Ces événements interviennent dans un contexte mondial de liens entre les luttes locales et les mouvements internationaux de solidarité, comme ceux des Amérindiens de Wounded Knee ou des agriculteurs japonais de Sanrizuka. Le Larzac devient un lieu de rencontre et de lutte pour diverses causes, symbolisant une aspiration collective à un enracinement et une résistance face à la délocalisation systémique des lieux de production.

Cette mobilisation est vue par ses contemporain·es comme un formidable désir d'enracinement, où les individus se battent pour préserver un mode de vie autonome et collectif. L'histoire du Larzac est une histoire nomade et populaire, prenant en compte les voix des dominé·es. Le Larzac est devenu un lieu où s'inventent de nouvelles formes de vie collective, intégrant humains, animaux et végétaux dans des agencements collectifs uniques. Lieu de convergence de divers mouvements sociaux, le Larzac est un mot, un terroir, qui à lui seul est un symbole de résistance contre l'oppression et un modèle de mobilisation.

Depuis 2011, il est classé site du patrimoine mondial de l'Unesco, en reconnaissance de son importance historique et culturelle. Cependant, ce label a également conduit à une certaine commercialisation et à une tension entre la préservation de l'authenticité et l'attraction touristique. Le plateau est devenu un espace de nouvelles formes de gouvernance et de résistance contre la mondialisation. En août 1999, à Millau, une ville voisine du Larzac, une action emblématique de désobéissance civile a eu lieu lorsque des membres de la Confédération paysanne, dirigés par José Bové, ont démonté partiellement un restaurant McDonald's en construction. Cette action s'inscrivait dans un contexte de protestation contre la mondialisation et ses effets néfastes sur l'agriculture locale, exacerbés par une décision de l'Organisation mondiale du commerce (OMC) d'imposer des sanctions sur les produits européens, notamment le roquefort, en réponse à l'interdiction d'importation de bœuf aux hormones américain par l'Union européenne. Les manifestant·es ont démonté les éléments de construction du McDo pour symboliser leur opposition à la malbouffe et à la domination des multinationales sur les marchés locaux. Cet acte de sabotage, qui a attiré une couverture médiatique mondiale, a mis en lumière les tensions entre les agriculteurs locaux et les politiques économiques globales, et a cimenté José Bové comme une figure emblématique de la lutte pour les droits paysans et contre la mondialisation. José Bové est l'un des leaders charismatiques ayant contribué à internationaliser le combat du Larzac. Cette terre du roquefort continue d'être un symbole de résistance, de justice sociale et de défense de l'environnement, attirant des militant·es engagé·es dans la lutte pour un « autre monde possible ».

Des fermes communautaires, des ateliers collectifs et des zones autonomes temporaires (ZAT) ont émergé sur le plateau et y proposent encore un mode de vie alternatif préfigurant la devise de l'altermondialisme. Les ZAT sont un concept développé par l'auteur Hakim Bey (pseudonyme de Peter Lamborn Wilson, 1945-2022) dans son essai éponyme, publié en 1991. La ZAT désigne un espace (physique ou virtuel) où les participant·es créent une micro-société temporaire et autonome, en dehors des structures de contrôle de l'État ou de la société dominante. Ces zones sont caractérisées par leur caractère éphémère, leur capacité à surgir de manière imprévisible et à disparaître avant que les autorités puissent les réprimer. Ce lieu ne défend pas une identité figée, mais plutôt une dynamique continue de création et d'adaptation, incarnant l'esprit de la « relation »[1] chère au romancier Édouard Glissant. Ce dernier développe le concept de la relation comme une philosophie de l'identité et de l'altérité, où il explore la complexité et l'interconnexion des cultures et des identités dans un monde globalisé. Glissant met en avant l'idée que les identités ne sont pas fixes, mais en constante interaction et transformation par le contact avec l'autre. Sa *Poétique de la relation* est une œuvre clé pour comprendre sa pensée sur la créolisation, la diversité culturelle et le dialogue interculturel.

1 Édouard Glissant, *Poétique de la relation*, Gallimard, Paris, 1990.

LA CENTRALE DE PLOGOFF ET LE PAYS BIGOUDEN

L'histoire de la centrale nucléaire de Plogoff et du terroir bigouden est un épisode marquant de l'histoire locale de la Bretagne, et représente un exemple significatif de la mobilisation populaire contre un projet industriel. À la fin des années 1970, la France, comme beaucoup d'autres pays, cherchait à développer son parc nucléaire pour assurer son indépendance énergétique. Le site de Plogoff, petite commune du Finistère, près de la pointe du Raz, a été choisi pour l'implantation d'une nouvelle centrale.

L'annonce du projet a suscité une forte opposition de la part des habitant·es et des militant·es écologistes. Les raisons de cette opposition étaient multiples. La région de Plogoff est connue pour sa beauté naturelle, avec des côtes sauvages et une biodiversité riche. La population locale craignait que la centrale ne détruise cet environnement fragile. Le terroir bigouden, comprenant les communes voisines de Plogoff, est une région avec une forte identité culturelle, des traditions et des modes de vie spécifiques. Entre 1978 et 1981, Plogoff[1] a été le théâtre de nombreuses manifestations et actions de désobéissance civile. La population, soutenue par des militant·es venu·es de toute la France, a organisé des barrages routiers, des occupations de terrains et des manifestations quotidiennes. La population a installé des campements sur les lieux prévus pour la centrale, organisant des actions et des veillées. Les opposant·es ont symboliquement « ouvert » les portes de la mairie de Plogoff pour manifester contre la tenue de l'enquête publique. Il y a eu des affrontements violents avec les forces de l'ordre, envoyées pour permettre la progression du projet. Les manifestant·es ont fait preuve de détermination

1 Delphine Le Lay (aut.) et Alexis Horellou (dess.), *Plogoff*, Delcourt, Paris, 2018.

et de solidarité, utilisant des moyens non violents, mais aussi des actes de sabotage.

Avec l'élection de François Mitterrand à la présidence en 1981, le projet de centrale nucléaire à Plogoff a été abandonné. La lutte contre celui-ci est devenue un symbole de la résistance populaire en France. Elle a renforcé l'identité locale des Bigoudens et a marqué la mémoire collective de la région. Aujourd'hui, Plogoff est souvent mentionné comme un exemple réussi de mobilisation citoyenne contre un projet industriel perçu comme nuisible.

DU PÉTROLE À ARCACHON

En 2023 et 2024, la région d'Arcachon, située dans le sud-ouest de la France, a été le théâtre d'une importante mobilisation d'activistes contre des projets de forage pétrolier. Le bassin d'Arcachon, connu pour sa beauté naturelle et sa biodiversité, est une région touristique importante et un site écologique sensible. Les projets de forage pétrolier menaçaient de perturber son écosystème fragile. Les militant·es craignaient des fuites de pétrole, des déversements accidentels et des dommages aux habitats marins. Dans cette région, où le tourisme et la pêche sont des activités économiques clés, les opposant·es redoutaient que les forages ne nuisent à ces secteurs, en dégradant l'image de la région et en polluant les eaux. Les activistes soutenaient que l'extraction de nouveaux hydrocarbures était contraire aux objectifs de transition énergétique et de lutte contre le changement climatique adoptés par la France. La mobilisation contre les puits de pétrole à Arcachon a pris diverses formes. Des milliers de personnes ont participé à des manifestations dans la région d'Arcachon et dans les grandes villes voisines. Les manifestations étaient souvent colorées et pacifiques. S'y ajoutaient des campagnes de sensibilisation, utilisant les réseaux sociaux, des pétitions en ligne et des actions de terrain pour informer la population des risques associés aux forages pétroliers. Certain·es activistes ont mené des actions plus directes, telles que des occupations de sites de forage, des blocages d'accès et des sabotages symboliques pour empêcher les opérations de débuter. Des associations et des collectifs locaux ont intenté des actions en justice pour contester les autorisations de forage, invoquant des violations du droit environnemental et des réglementations locales.

Les autorités locales et nationales ont été divisées sur la question. Certain·es élu·es du coin ont soutenu les opposant·es, tandis que d'autres ont argué que les forages pouvaient apporter des bénéfices économiques. Les entreprises pétrolières, de leur côté, ont tenté de rassurer le public en promettant des mesures de sécurité strictes et des compensations économiques. En 2024, la mobilisation a réussi à attirer une attention nationale et internationale. Sous la pression citoyenne et militante, et face à des décisions de justice défavorables, certaines entreprises ont commencé à revoir leurs projets. Au printemps 2024, plusieurs permis de forage ont été suspendus ou annulés, marquant une victoire significative pour les opposant·es.

LES TERROIRS DU LAURAGAIS ET L'AUTOROUTE A69

Le projet de l'autoroute A69 vise à relier Castres à Toulouse en traversant la région du Lauragais. Le Lauragais est une région agricole du sud-ouest de la France, connue pour ses paysages vallonnés, ses cultures céréalières et ses villages pittoresques. La construction de l'autoroute A69 impliquerait le défrichement de terres agricoles, la destruction de haies et d'écosystèmes locaux et des risques accrus de pollution de l'air et de l'eau. Le Lauragais abrite un grand nombre d'espèces animales et végétales qui pourraient être menacées par les travaux et le trafic routier. Enfin, les paysages du Lauragais, avec ses champs de blé, ses moulins et ses fermes traditionnelles, sont une part intégrante de l'identité régionale. Les agriculteur·ices concerné·es craignent que la nouvelle infrastructure ne perturbe leurs exploitations, réduise les terres agricoles disponibles et nuise à leurs activités.

La lutte pour préserver le Lauragais est singulière en raison de ses caractéristiques uniques : sa ligne de partage des eaux, qui délimite les bassins versants de l'Atlantique et de la Méditerranée, son terroir riche en histoire et en culture, ainsi que son lien avec le maquis de la Montagne noire près de Castres, haut lieu de la Résistance pendant la Seconde Guerre mondiale. Les opposant·es à l'A69 plaident pour des alternatives plus durables et moins destructrices, telles que l'amélioration des infrastructures ferroviaires et routières existantes. Ils et elles estiment que l'autoroute favorise un modèle de développement centré sur l'automobile, peu compatible avec les objectifs de transition écologique. La construction et l'exploitation de l'autoroute pourraient entraîner des nuisances sonores, une augmentation du trafic, et un risque de dépeuplement de certaines zones rurales au profit des centres urbains. Des rassemblements réunissant résident·es, exploitant·es agricoles et activistes écologistes ont eu lieu dans les villages et les villes concernés ainsi qu'à Toulouse. Des associations et des collectifs ont intenté des recours juridiques pour contester la légalité du projet, invoquant notamment des violations des réglementations environnementales et d'urbanisme. Les opposant·es ont utilisé les médias locaux et nationaux, ainsi que les réseaux sociaux, pour sensibiliser l'opinion publique aux enjeux du projet et mobiliser les soutiens citoyens au-delà de la région du Lauragais. Dans certains cas, des activistes, surnommé·es « écureuils » pour leur habitude de se percher dans les arbres ont mené des actions plus radicales, telles que des occupations de sites de construction ou des blocages de routes, afin d'empêcher ou retarder les travaux.

LES TERROIRS PICARDS ET LA « FERME DES 1 000 VACHES »

La lutte contre la « ferme des 1 000 vaches » en Picardie nous montre une fois de plus comment les projets agricoles industriels peuvent entrer en conflit avec les préoccupations locales concernant l'environnement, l'économie et le patrimoine culturel. Le projet de « ferme des 1 000 vaches », une ferme industrielle située à Drucat, près d'Abbeville, en Picardie, a été lancé au début des années 2010. L'idée était de regrouper jusqu'à 1 000 vaches laitières dans une exploitation intensive, pour obtenir une capacité de production de grandes quantités de lait et de biogaz. Les opposant·es ont alerté sur le risque important de pollution, notamment par les nitrates et autres produits chimiques utilisés dans l'agriculture intensive. Une fois les sols contaminés, les nappes phréatiques seraient affectées, dégradant la qualité de l'eau. Les critiques soulignaient que les conditions de vie des vaches dans une ferme industrielle sont souvent bien en dessous des standards de bien-être animal, avec des animaux confinés dans des espaces réduits et soumis à un stress élevé. Les agriculteur·ices des environs craignaient que la ferme industrielle ne crée une concurrence déloyale, mettant en danger les petites exploitations familiales qui caractérisent le terroir picard. Résident·es, agriculteur·ices et militant·es écologistes ont organisé des manifestations et des rassemblements pour protester contre le projet, attirant une couverture médiatique nationale.

La Picardie, avec ses vastes plaines agricoles et ses traditions rurales, est une région où l'agriculture joue un rôle central. Les terroirs picards sont caractérisés par des exploitations agricoles familiales, de taille modeste, une production diversifiée et des pratiques respectueuses de l'environnement. La ferme des 1 000 vaches représentait une rupture avec ce modèle traditionnel, incarnant une agriculture industrielle et intensive. Un exemple spécifique de la tradition picarde qui contraste avec l'industrialisation est la transhumance des moutons dans la baie de Somme. Cette pratique ancienne voit les berger·es guider leurs troupeaux à travers les prairies salées, préservant ainsi des écosystèmes uniques et contribuant à la biodiversité locale. Ce mode de vie pastoral, harmonieux et durable, est un symbole fort de l'identité picarde et de son rapport respectueux à la nature. Il incarne une résistance à l'industrialisation agricole et à la disparition des savoir-faire traditionnels.

Par ailleurs, les Picard·es sont fier·es de leur identité culinaire et gastronomique. La région est renommée pour ses produits locaux de qualité, tels que le maroilles, les pommes de terre de Picardie et les célèbres ficelles picardes, une sorte de crêpe garnie. Ces produits sont souvent issus de modes de production artisanaux et respectueux des savoir-faire locaux. L'industrialisation massive de l'élevage bovin représentée par la « ferme des 1 000 vaches » allait à l'encontre de cette valorisation des produits du terroir et de la qualité artisanale. Enfin, une exploitation industrielle de cette envergure posait des problèmes environnementaux majeurs, notamment en termes de gestion des déchets et des émissions de gaz à effet de serre. La Picardie, avec ses paysages naturels préservés et ses initiatives locales de protection de l'environnement, risquait de voir son écosystème fragile mis en péril par les pratiques intensives de cette ferme.

LES TERROIRS DU TESCOU ET LE BARRAGE DE SIVENS

La lutte contre le barrage de Sivens est un exemple marquant de la mobilisation citoyenne contre un projet d'infrastructure perçu comme destructeur pour l'environnement et incompatible avec les intérêts locaux. Le projet était de construire une retenue d'eau sur la rivière Tescou, dans le département du Tarn, en région Occitanie. Le barrage, d'une capacité de

1,5 million de mètres cubes, avait pour but principal de fournir de l'eau pour l'irrigation agricole. La zone prévue pour la construction du barrage comprenait une zone humide de 13 hectares, abritant une biodiversité riche, notamment des espèces protégées. Les opposant·es ont mis en avant les risques que faisaient courir la destruction de cet écosystème. La construction du barrage aurait modifié le débit de la rivière Tescou, avec des conséquences potentiellement négatives sur les écosystèmes aquatiques en aval.

L'eau retenue par le barrage devait bénéficier principalement à un petit nombre d'exploitations pratiquant une agriculture intensive, notamment la culture du maïs, très consommatrice d'eau. Cela posait la question de la durabilité de ce modèle agricole dans une région où l'eau est une ressource précieuse. Pour les opposant·es, la reconversion des pratiques agricoles et la réhabilitation des infrastructures existantes n'avaient pas été suffisamment explorées. Parmi les alternatives plus durables, la gestion de l'eau à la parcelle n'avait pas été examinée. Le projet de barrage a aussi été critiqué pour le manque de concertation avec les populations locales et les parties prenantes. Le coût du barrage, estimé à plusieurs millions d'euros, était jugé disproportionné par rapport aux bénéfices attendus, sans parler des impacts environnementaux et sociaux.

Le terroir du Tescou, avec ses vallées verdoyantes et ses zones humides, est une région agricole et naturelle riche. Les pratiques agricoles traditionnelles et la préservation des écosystèmes locaux sont des éléments clés de l'identité de ce terroir. La construction du barrage représentait une menace pour cet équilibre, risquant de transformer profondément le paysage et les modes de vie locaux.

La lutte contre le barrage de Sivens a donné lieu à une mobilisation intense. Une ZAD a été établie sur le site prévu pour le barrage, où des militant·es ont occupé le terrain pour empêcher le début des travaux. La lutte a atteint son point culminant en 2014, avec l'affrontement entre les forces de l'ordre et les zadistes. Le 25 octobre 2014, Rémi Fraisse, un jeune militant écologiste, a été tué lors d'une manifestation, suscitant une vaste mobilisation et renforçant la détermination des opposant·es. En 2015, le gouvernement a décidé de suspendre le projet initial de barrage. Une solution alternative, de plus petite envergure, a été proposée, prenant en compte les critiques et les besoins locaux de manière plus équilibrée.

Le concept des « grands projets inutiles » est apparu dans les années 1970 en réponse à la construction de grandes infrastructures perçues comme disproportionnées par rapport aux besoins réels des populations locales, souvent motivées par des intérêts économiques ou politiques plutôt que par des bénéfices tangibles pour la société. Ces projets sont souvent critiqués pour leur impact environnemental, social et économique négatif. Les mouvements étaient influencés par des idéologies écologistes et post-capitalistes, prônant une utilisation plus respectueuse et équitable des ressources naturelles et financières. En France, le barrage de Sivens est probablement considéré comme l'un des plus emblématiques « grands projets inutiles », aux côtés de l'aéroport de Notre-Dame-des-Landes.

LES MÉGA-BASSINES ET LA GUERRE DE L'EAU

La mobilisation contre les méga-bassines de Sainte-Soline, dans les Deux-Sèvres, en Poitou-Charentes, est un exemple marquant de la lutte citoyenne contre des projets de gestion de l'eau perçus comme injustes et écologiquement néfastes. Le Poitou, situé dans le centre-ouest de la France, est une région marquée par une agriculture intensive, notamment la culture céréalière et le maraîchage, qui nécessitent des ressources en eau importantes. Les méga-bassines sont de grands réservoirs artificiels destinés à stocker l'eau pompée dans les nappes phréatiques en hiver pour une utilisation en été, lors des périodes de sécheresse.

Le projet de Sainte-Soline prévoit la construction de plusieurs bassines de ce type pour assurer l'irrigation des cultures. Les opposant·es craignent que le pompage intensif de l'eau des nappes phréatiques en hiver réduise les niveaux d'eau souterraine, mettant en danger les écosystèmes locaux et les ressources en eau potable. Le stockage de grandes quantités d'eau en surface peut perturber les écosystèmes aquatiques, en modifiant les habitats naturels et en affectant la biodiversité. Les méga-bassines bénéficieraient principalement à un petit nombre de grandes exploitations agricoles pratiquant une agriculture intensive. Les petites exploitations et les autres utilisateur·ices de l'eau, comme les communes et la population locale, risquent de voir leurs besoins relégués au second plan. Les critiques soulignent que ce projet perpétue un modèle d'agriculture intensive gourmand en eau et peu résilient face aux changements climatiques, et plaident pour des pratiques agricoles plus durables et économes. Les opposant·es dénoncent le manque de concertation et de transparence dans la prise de décision. Le financement des méga-bassines, souvent subventionnées par des fonds publics, est jugé disproportionné par rapport aux bénéfices attendus, surtout en termes de durabilité environnementale et sociale.

La mobilisation contre les méga-bassines à Sainte-Soline a pris plusieurs formes. Des milliers de personnes, dont des agriculteur·ices, des activistes et des riverain·es, ont participé à des manifestations contre le projet. Ces rassemblements ont souvent été pacifiques mais parfois marqués par des tensions avec les forces de l'ordre. Comme dans le cas de Sivens, des militant·es ont établi une ZAD sur le site prévu pour les bassines, organisant des campements et des actions pour empêcher le début des travaux. Des associations et des collectifs ont engagé des recours juridiques pour contester les autorisations administratives accordées au projet, invoquant des violations des réglementations environnementales et des droits citoyens. Les opposant·es ont mené des campagnes de sensibilisation, utilisant les médias, les réseaux sociaux et des actions de terrain pour informer le public des impacts négatifs du projet et mobiliser un soutien plus large.

La lutte contre les méga-bassines à Sainte-Soline et dans le Poitou est particulièrement sensible en raison des spécificités écologiques et culturelles de la région. Le Poitou est une zone où les ressources en eau sont déjà sous pression, et l'installation de méga-bassines menace l'équilibre hydrique naturel. Ces infrastructures risquent d'assécher les nappes phréatiques, affectant les écosystèmes, les zones humides et la biodiversité. En favorisant un modèle d'agriculture intensive, elles mettent en péril les petites exploitations familiales qui dépendent de pratiques agricoles durables et de la disponibilité naturelle de l'eau. De plus, cette région a une histoire de mobilisation contre les grands projets d'infrastructures nuisibles, remontant aux années 1970 et 1980, ce qui renforce la pertinence et la vigueur de la résistance actuelle. Les opposant·es aux méga-bassines réclament que des solutions alternatives, telles que l'agroécologie et la gestion intégrée des ressources en eau, soient privilégiées.

Sainte-Soline est devenue un symbole de la lutte contre les méga-bassines, représentant une convergence des préoccupations écologiques, économiques et sociales spécifiques à la région. Le Poitou, avec sa diversité agricole, ses pratiques de gestion collective et durable de l'eau et son riche terroir, incarne une résistance à l'industrialisation agricole et à la disparition des savoir-faire traditionnels.

SAUVEZ LE BEAUVAISIS

Plus récemment encore et de manière tout à fait originale, au moment de lutter contre l'extension d'un aéroport ou contre des projets d'enfouissement, des populations locales ont choisi non pas de faire référence à une cause qui les rassemblerait, mais au terroir qu'elles protègent. Ainsi, « Sauvez le Beauvaisis » est né il y a quelques années pour rassembler des citoyennes et citoyens de Picardie lassé·es du symbole honteux d'un aéroport au service de Paris, élargissant les « territoires servants » de la capitale à la Picardie méridionale.

Le concept de « territoire servant[1] » fait référence à des régions ou à des zones qui sont utilisées principalement pour répondre aux besoins et aux demandes d'une métropole, souvent au détriment de leur propre développement et de leur bien-être. Dans le contexte de l'histoire de Paris et de ses banlieues, ce concept est particulièrement pertinent. Depuis le XIXe siècle, Paris a centralisé de nombreuses ressources économiques, culturelles et politiques, attirant une population croissante et nécessitant une expansion urbaine. Les banlieues parisiennes ont souvent été reléguées au rôle de « territoires servants », fournissant des logements pour les classes laborieuses, des zones industrielles et des infrastructures nécessaires pour soutenir la capitale. Cette dynamique a conduit à une inégalité persistante entre Paris et ses périphéries, où les banlieues ont subi des problèmes tels que la dégradation des infrastructures, un accès limité aux services publics et une stigmatisation sociale. Les politiques de développement urbain ont souvent privilégié les intérêts parisiens, exacerbant les disparités socio-économiques et contribuant à la marginalisation de ces territoires. Ce concept de « territoire servant » souligne la nécessité de repenser l'aménagement du territoire pour promouvoir un développement plus équitable et intégré entre Paris et ses banlieues.

Le Beauvaisis, région historique située autour de la ville de Beauvais, dans le département de l'Oise, a récemment été le théâtre de plusieurs luttes sociales et environnementales. Ce territoire, riche de son patrimoine historique et culturel,

1 Jean-François Doulet, *Les Territoires servants : banlieues et périphéries urbaines*, Presses Universitaires de France, Paris, 2015.

possède des traditions agricoles anciennes et une forte identité rurale. L'opposition à un projet de carrière à Troissereux, près de Beauvais, prévoyant l'extraction de granulats pour l'industrie du bâtiment sur plusieurs dizaines d'hectares, en est un exemple marquant. Les habitant·es et les associations locales craignaient la destruction des terres agricoles précieuses et des espaces naturels, ainsi que les nuisances telles que les poussières, le bruit et la pollution des nappes phréatiques locales, cruciales pour l'approvisionnement en eau potable.

Un autre projet, celui du centre d'enfouissement de déchets non dangereux à Lachapelle-aux-Pots, a également provoqué une importante mobilisation citoyenne. Les riverain·es s'inquiètent de la pollution potentielle des sols et des eaux, ainsi que des nuisances olfactives, impactant potentiellement la santé des populations locales. Ce projet menace de dévaloriser les propriétés et de dégrader le cadre de vie local, en contradiction avec la volonté des habitant·es de préserver leur environnement sain et leur patrimoine. L'installation de parcs éoliens à Auneuil a également suscité des débats. Les éoliennes sont perçues comme des intrusions dans le paysage rural et naturel du Beauvaisis. Les résident·es craignent les nuisances sonores et contestent l'efficacité énergétique et le coût des éoliennes par rapport à d'autres sources d'énergie renouvelable.

Enfin, l'aéroport de Beauvais, situé à Tillé, focalise les controverses. Utilisé par des compagnies aériennes à bas coûts comme Ryanair, il a suscité de vives préoccupations en raison de la croissance rapide du trafic aérien. L'augmentation des émissions de CO_2 et d'autres polluants atmosphériques affecte la qualité de l'air. Les nuisances sonores, surtout des vols de nuit et à l'aube, perturbent la tranquillité et le sommeil des riverain·es. L'extension de l'aéroport et l'urbanisation croissante qui en découle menacent de réduire les terres agricoles disponibles, impactant les exploitations agricoles locales et modifiant profondément le paysage traditionnel du Beauvaisis. La singularité de la culture du Beauvaisis, avec ses traditions rurales et agricoles, son attachement à un mode de vie paisible et respectueux de l'environnement, explique pourquoi ces luttes émergent particulièrement dans cette région.

CONCLUSION : DES HISTOIRES DE LUTTES

Le terroir a bel et bien été un socle de résistances et de luttes pour la gauche, incarnant des valeurs de solidarité, de justice sociale et de démocratie locale. Historiquement, la gauche a su puiser dans la richesse et la spécificité des terroirs pour nourrir ses combats. Les luttes pour la défense de la terre, contre les grands projets inutiles et pour la préservation des modes de vie locaux ont permis de développer une conscience politique enracinée et humaniste.

Aujourd'hui cependant, nous sommes confronté·es à un défi majeur : la récupération de la dimension identitaire du terroir par l'extrême droite. Cette appropriation détourne le terroir de ses valeurs progressistes pour en faire un instrument de repli sur soi. Il est impératif de réaffirmer une vision progressiste et inclusive du terroir, fidèle à son héritage de luttes et de résistances. En valorisant les apports de penseurs comme Emmanuel Mounier et Simone Weil, nous pouvons continuer à défendre une identité ouverte et humaniste, capable de résister aux dérives identitaires de l'extrême droite.

CHAPITRE 3

LE TERROIR ET LES IDENTITÉS VIVANTES

IDENTITÉ ET IDENTITÉS

LA MANIPULATION IDENTITAIRE

Le terroir, comme la patrie, ont pour point commun d'avoir vécu un véritable détournement de leur objet au profit de la vague identitaire à l'œuvre en Europe depuis les années 1980. Si le terroir est toujours associé à sa production, en particulier aux vins et aux fromages, une référence spontanée à l'identité s'insinue progressivement.

Cela n'est pas le fruit du hasard mais la conséquence d'une stratégie mise en place par l'extrême droite pour s'approprier un échelon auquel la population française, dans sa diversité, reste majoritairement attachée. En effet, 84 % des Français et des Françaises se disent fier·es de faire connaître leur terroir à leurs proches, et 89 % disent apprécier en découvrir de nouveaux, quand 99 % assurent en consommer les produits régulièrement[1].

1 Sondage Opinionway réalisé en novembre 2021 pour le Concours général agricole : www.datapressepremium.com/rmdiff/2010318/CGA-CP-Enquete.pdf

Ce réservoir d'affection est un terreau efficace pour les cadres du Rassemblement national (RN) et de Reconquête (R !), qui s'illustrent depuis toujours par leur manipulation des affects et des appartenances[1]. Jean-Marie Le Pen, en 2013, déclarait à *La Revue du vin* : « Le vin est un grand consolateur », avant d'ajouter : « Les vignerons sont plus proches du terroir, d'une conception charnelle de la nation, de la patrie, plus attachés aux sols, aux paysages. Leurs exploitations sont transmises par héritage, dans le sens de la lignée, d'une tradition. Et dans patrimoine, il y a le mot patrie[2]. »

Patrick Buisson, ancien conseiller de Sarkozy et notoirement d'extrême droite, saluait le retour du « village coutumier contre le village planétaire » et des « vertus de la solidarité communautaire », naturelle, à l'opposé des « sociabilités contractuelles » jugées, elles, politiques. Marine Le Pen déclarait en 2021, dans le programme du RN dédié à « Agriculture et Terroirs » : « Nos terroirs, nos traditions et nos savoir-faire sont une richesse qui ont un visage : celui de nos producteurs locaux. » Le doyen de l'Assemblée nationale élue en 2022, José Gonzalez, proche de Jean-Marie Le Pen et mentor d'une dizaine de jeunes députés frontistes, s'est fait élire dans les Bouches-du-Rhône sur un programme « du cru, respectueux des terroirs de Provence, et sans parachutage ». Jordan Bardella, de son côté, vantait au Salon de l'agriculture 2024 « le rôle du terroir pour protéger les frontières ».

Cette stratégie n'est pas nouvelle. Le terroir devient peu à peu le nouveau visage du célèbre discours de Pétain du 25 juin 1940 : « La terre, elle, ne ment pas[3]. » Discours dans lequel il condamnait d'un bloc tout l'héritage de 70 ans de

1 Pietro Castelli Gattinara et Caterina Froio, « Quand les identitaires font la une. Stratégies de mobilisation et visibilité médiatique du bloc identitaire », *Revue française de science politique*, vol. 68, n° 1, 2018, p. 103-119.

2 Denis Saverot et Philippe Maurange, « Jean-Marie Le Pen : “Le vin est un grand consolateur” », *La Revue du vin de France*, octobre 2013.

3 Evelyne Pieiller, « Le terroir ne ment pas. De gauche à droite, célébrations de l'identité », *Le Monde diplomatique*, juin 2018.

IIIe République, accusée d'avoir corrompu l'identité nationale au profit d'une idée universelle de la citoyenneté, en faisant de la France un projet de valeurs, une communauté de destins plutôt qu'un héritage de traditions et de transmission. Charles Maurras (1868-1952), fondateur de la Ligue d'action française et promoteur de la « Révolution nationale » contre la Révolution de 1789, ainsi que Maurice Barrès (1862-1923), romancier iconique des nationalistes d'extrême droite, se sont tous les deux acharnés contre un cosmopolitisme qu'ils liaient au capitalisme. Pour eux, ce dernier permettait aux Juifs de s'installer dans le monde entier à la tête des médias et des industries. En miroir, ils faisaient l'éloge d'un néo-régionalisme, proche du village et de son clocher, galvanisant le terroir comme cette identité pure et protégée. Barrès associait les terroirs « au refus de la décadence, de la société industrielle et des valeurs bourgeoises », ou à la quête des « sentiments qui donnent un prix à la vie[1]. » Le terroir, pour les identitaires, se confond avec ce que Maurras appelait « les petites patries[2] », pour définir les centaines de pays locaux qui jalonnent le territoire français. Dans cette filiation, une conception exclusive et excluante de l'enracinement est défendue comme dernier rempart face à l'anéantissement de la civilisation. Entre enracinement et anéantissement, il faudrait donc choisir. On voit bien l'étroitesse de l'équation...

TERROIRS ET IDENTITÉS

La dimension identitaire du terroir n'est pas totalement une trahison du concept : il contient bien dans son génome quelque chose qui a trait à l'identité, à la singularité d'une communauté par rapport aux autres. Comme nous l'avons

1 Zeev Sternhell, *Maurice Barrès et le nationalisme français*, Fayard, Paris, 2016.

2 Michel Youenn, « Des "petites patries" aux "patrimoines culturels" : un siècle de discours scolaires sur les identités régionales en France (1880-1980) », *Carrefours de l'éducation*, n° 38, décembre 2014.

exposé en première partie, il faut quatre ingrédients constamment en relation pour faire un terroir : le lieu, les gens, leurs pratiques culturelles et leur production alimentaire, le tout à la plus petite échelle locale identifiable comme relativement homogène ou cohérente.

Il y a donc bien aussi une dimension d'identité au terroir : c'est une identité commune, un commun partagé, un lien qui rassemble. La toxicité de l'extrême droite n'est pas seulement de rendre *identitaire* tout ce qu'elle touche et mobilise, c'est d'entretenir avec l'identité une relation essentialisée et restrictive, qui produit à la fin ce que l'académicien franco-libanais Amin Maalouf appelle très justement « les identités meurtrières[1]. » Dans son ouvrage éponyme, monument de la littérature contemporaine, Maalouf ne rejette pas en bloc la notion d'identité. Il lui donne simplement trois perspectives pour la rendre saine et féconde. Ce sont ces perspectives que la gauche doit reprendre à son compte : la multiplicité, la muabilité et l'universalité.

LES IDENTITÉS MEURTRIÈRES

Dès le début de son essai, l'académicien raconte l'immense variété de ses identités personnelles, parfois leurs côtés paradoxaux, et insiste sur le fait qu'elles recouvrent des domaines très variés : il est arabe, libanais, phénicien quelque part, chrétien, pas vraiment croyant, dans un pays majoritairement musulman. Il est aussi un homme, francophone, et citoyen du monde. L'identitarisme commence justement quand il y a refus de combiner et reconnaître une immense variété d'identités. Elles ne sont pas simplement juxtaposées comme un millefeuille ou emboîtées comme une poupée russe, elles sont aussi en dialogue, en interaction. On peut être français et arabe, libanais et chrétien, oriental et laïque, etc. La *muabilité*, ensuite, est ce mouvement dynamique qui libère de toute

1 Amin Maalouf, *Les Identités meurtrières*, Grasset, Paris, 1998.

essentialisation, c'est-à-dire de tout processus généralisateur qui attribue à une petite partie de l'identité toute une série de caractéristiques supposées. La *muabilité* fait sortir l'identité du droit du sang. Elle écrase – à terme – la logique de la race, car elle rend l'identité dynamique et mobile. L'idée de « race », quant à elle, construisait le mensonge de la pureté identitaire jusque dans la génétique. L'identité n'est pas qu'un héritage familial, c'est non seulement un héritage collectif, mais c'est aussi un choix, une construction de l'individu. C'est cette *muabilité* de l'identité qui protège de l'identitarisme. Cette identité nauséabonde qui serait figée dans une histoire, une mythologie, un purisme entraînant l'exclusion. Toutes les formes dérivées de l'aryanisme allemand illustrent cette volonté purificatrice. Amin Maalouf le répète : nos identités se meuvent, elles bougent, évoluent. Parfois sous le poids de notre conscience et de notre volonté, d'autres fois dans le contexte du monde qui change, dans la relation à l'autre.

En lisant Maalouf, j'ai découvert les métissages que je portais en moi. Héritier d'une classe paysanne puis moyenne par ma mère, bourgeois déclassé par mon père, je suis aussi chrétien, croyant et pratiquant, tout en étant de gauche et activiste pour la justice sociale. Je suis jeune, mais cela passera, pas comme mon appartenance à la génération Y. Je suis blanc, c'est un privilège de fait, je suis français et européen, originaire par mon père de Pologne et d'Italie avec des ascendant·es ayant vécu dans le Minervois, le Cabardès, les Charentes et la Gironde, originaire par ma mère d'Alsace et de Lorraine, où ma grand-mère vit encore, après 40 ans de service public à la Poste. Je suis diplômé de l'université et j'ai découvert Sciences Po en devenant enseignant. Je suis l'aîné d'une fratrie de quatre mecs. Bref, je suis un peu tout cela à la fois.

À ce sujet, toute la difficulté que pose la vision occidentale du monde est d'avoir érigé un système de valeurs théoriquement universaliste avant d'avoir vérifié sa véritable universalité. Cela pose un problème d'alignement entre un universalisme des droits et un universalisme des valeurs. Ce contraste entre les deux, quand l'universalisme dépasse les droits (l'universalisme de 1789 et de 1948 concernait les droits fondamentaux) pour s'attacher aux mœurs ou à la culture (l'universalisme de la colonisation et de la mission civilisatrice, encore à l'œuvre dans les imaginaires, revendique de prétendues valeurs), a pu créer de la confusion et de la méfiance vis-à-vis d'une certaine idée de l'humanisme. Ainsi, l'universalisme comme l'humanisme ont à la fois une définition originelle, porteuse de cet universel vraiment humain, mais aussi une définition corrompue, participant de l'occidentalisation uniformisante et de la condescendance culturelle du Nord global.

Quand nous parlons d'universel, d'humanité ou de globalité terrestre, de nombreuses notions entrent en complémentarité pour décrire, à l'inverse du terroir, le plus grand échelon identitaire commun à tous les humains. Dans le chapitre de conclusion de sa *Géohistoire*[1], Christian Grataloup revient sur la différence entre les trois termes « terrestre », « mondial » et « universel ». Il raconte comment « l'universel » est devenu suspect, précisément parce qu'il ne l'était pas assez. Pour lui, la crise environnementale et ses effets nous contraignent à épouser une universalité vraiment mondiale, à l'échelle du globe terrestre. La géohistoire qu'il propose prend en compte l'ensemble des sociétés qui cohabitent sur la Terre. Grataloup relève que dans les 30 articles de la Déclaration universelle des droits humains de 1948, les êtres humains deviennent progressivement « l'individu » puis toute « personne », alors que la famille n'est citée qu'une seule fois à l'article 16, et la communauté une seule fois à l'article 29. Par opposition, en 1986, à Nairobi (Kenya), l'Union africaine a adopté la Charte africaine des droits de l'homme et des peuples en insistant sur les droits et devoirs des peuples, des nations et des familles avant l'individu. On relève là un exemple de l'incomplétude

1 Christian Grataloup, *Géohistoire. Une autre histoire des humains sur la Terre*, Les Arènes, Paris, 2023.

de nos premières déclarations universelles des droits, qui en 1789 et 1948 ont ouvert une réflexion globale sur la spécificité de la dignité humaine et les caractéristiques inaliénables de tout être humain. Mais ce travail est encore inachevé, et la crise écologique est une opportunité pour en reprendre le processus. Ainsi, l'identité humaine n'est pas seulement la somme des millions d'identités particulières, c'est surtout une identité humaine transcendantale, qui épouse toutes les autres et qui crée cette harmonie entre le commun et le singulier.

Au-delà de ce travail sur l'universalité, l'humanisme dont parle Amin Maalouf est bien celui qui rappelle tout simplement une vérité incontestable : au milieu de toutes nos identités plurielles et multiples, nous avons toutes et tous *a minima* en commun l'identité humaine. Même si nous ne parvenons pas toujours à la définir clairement, nous la prenons comme un postulat qui nous enveloppe toutes et tous. À ce titre, au moment de redécouvrir la valeur des autres vivants[1] de la faune et de la flore, l'identité humaine réaffirme son unicité. La relation aux autres vivants est une nouvelle opportunité de comprendre à quel point nous sommes particuliers au milieu d'un tout, alors que nous avons, nous êtres humains, souvent eu tendance à considérer que nous étions nous-mêmes ce tout, entourés d'un univers à notre disposition.

S'il y a pour moi une véritable singularité de l'espèce humaine, lui conférant une absolue dignité présente en chaque être humain, de laquelle découlent les droits et les devoirs envers nous, cette singularité ne doit se traduire ni par une suprématie, ni par une exploitation des autres vivants. Leurs droits à eux, les autres vivants, ne sont pas les mêmes que les nôtres parce qu'ils ne sont pas absolus, mais ils ont leur importance fondamentale pour protéger la vie, afin de protéger aussi la nôtre.

1 Baptiste Morizot, *Manières d'être vivant. Enquête sur la vie à travers nous*, Actes Sud, Arles, 2020.

L'IDENTITÉ ET LA NATION

Étrangement, la notion d'identité, étymologiquement, signifie peu ou prou l'inverse de l'énergie qu'elle renvoie. L'identité, c'est ce qui est identique. Le mot est emprunté au latin *identitas*, « qualité de ce qui est le même », dérivé du latin classique *idem*, « le même ». Depuis la première utilisation répertoriée du mot en français[1], l'identité, c'est « ce qui fait qu'une chose, une personne est la même qu'une autre, qu'il n'existe aucune différence entre elles ». Pourtant l'identité renvoie à l'idée inverse : ce qui est singulier, ce qui distingue, ce qui catégorise et scinde. En réalité, elle est un peu les deux. L'identité est en fait un commun partagé par quelques-un·es, qui leur permet à la fois de se reconnaître, de se distinguer des autres et d'entretenir en même temps un lien de ressemblance avec celles et ceux qui partagent cette identité autant qu'une différence avec celles et ceux qui ne la partagent pas. Dans ce sens, notre identité humaine est un commun à notre espèce, à redécouvrir et à investir, et qui nous distingue des vivants non humains. Dans ces deux approches complémentaires, rien ne dit si l'identité est essentialisée, c'est-à-dire qu'on lui attribue d'autres caractéristiques que ce commun partagé par certain·es. L'identitarisme, en plus de renoncer à des identités multiples, muables et universelles, cherche à attribuer à l'identité toute une série de caractéristiques qui n'ont rien à voir avec celle-ci. C'est cela, essentialiser : penser que toute entité se caractérise par un ensemble d'attributs essentiels, immuables, soi-disant nécessaires à son identité. Par exemple, pour un réac identitaire, être français, ce serait aussi être blanc, chrétien, occidental, conservateur et carnivore ; et être musulman, ce serait être réactionnaire, violent, religieux, arabe et archaïque. Comme une suite logique, l'essentialisation consiste ensuite à résumer, à réduire l'individu à une seule de ses très

1 Dans le poème *Pamphile et Galatée*, de Jehan Bras-de-Fer, poète français du XIVe siècle.

nombreuses identités pour en tirer une vérité générale. En clair, l'essentialisme est un simplisme incorrigible. Il fusionne tout. Les gens avec l'une de leurs identités, et cette identité avec toutes les caractéristiques du préjugé.

L'identité française, de manière très simple, c'est ce commun que nous partageons avec la *communauté nationale de destin*[1]. Nous avons un territoire à partager, des lois qui nous protègent, une Constitution qui nous organise et une mémoire collective d'événements partagés. Et c'est déjà bien suffisant. La *francité*, ensemble des caractères propres à l'identité française, telle que nous l'évoquons ici, est déjà un programme bien assez vaste pour ne pas avoir à y ajouter des attributs superficiels, ceux que nous pouvons qualifier « d'identitaires ».

Avec la Révolution française, ce que la gauche apporte à l'histoire, c'est une nouvelle définition de l'idée de nation. C'est-à-dire une définition libérée de l'essentialisme et du racisme. Le droit du sol vient consacrer cette évolution. Il est un acquis de la Révolution, qui représente une transformation juridique et idéologique majeure en rupture avec l'Ancien Régime. Avant cela, la citoyenneté était principalement régie par le droit du sang (*jus sanguinis*), où l'appartenance à la nation dépendait de la filiation et de l'hérédité. Les idéaux révolutionnaires de liberté, d'égalité et de fraternité ont conduit à une redéfinition de la citoyenneté, centrée cette fois sur le droit du sol (*jus soli*). La Constitution de 1791 a établi que toute personne née sur le territoire français était citoyen français, à condition que l'un de ses parents soit également né en France. Cette nouvelle conception visait à renforcer l'unité nationale et à promouvoir l'inclusion des individus nés sur le territoire national, indépendamment de leur origine familiale, en écho aux principes de l'universalisme républicain.

1 Jean Ollivro, « Territoires : de la communauté de destins à une communauté de desseins », *Le Journal de l'école de Paris du management*, n° 80, 2009/6, p. 31-36.

D'ailleurs, la carte du monde des pays appliquant exclusivement le droit du sang coïncide précisément avec celle de régimes de type ethno-raciaux, s'étant construits contre les révolutions européennes et la modernité (Chine, Inde, Japon etc.). Depuis 1789, et surtout depuis 1791 avec l'attribution de la citoyenneté aux Juifs (la France est le premier pays à la leur accorder !), la nation n'est plus assimilée à une race, une religion ou une ethnie (en l'occurrence gauloise), elle est « une association volontaire d'individus avec un passé commun, une volonté commune dans le présent, et un avenir à partager[1]. »

Ernest Renan, en 1882, à l'issue du siècle révolutionnaire où la France parvint enfin à stabiliser la République malgré la défaite de Sedan, propose dans une conférence à la Sorbonne une magnifique définition de la nation : « La possession en commun d'un riche legs de souvenirs, [...] le consentement actuel, le désir de vivre ensemble, la volonté de continuer à faire valoir l'héritage commun qu'on a reçu[2]. » Ernest Renan (1823-1892) était un éminent historien, philologue et philosophe français, connu pour ses contributions significatives à l'étude des religions et à la réflexion sur la nation. Dans cette conférence donnée à la Sorbonne et publiée sous le titre *Qu'est-ce qu'une nation ?*, il explore les fondements de l'identité nationale. Il y affirme que la nation est une communauté spirituelle, fondée non pas sur des critères raciaux ou linguistiques, mais sur la volonté commune de vivre ensemble et de partager un héritage commun. Par ses travaux académiques et ses réflexions philosophiques, Ernest Renan a laissé une empreinte durable sur les sciences humaines et la pensée politique en France et au-delà. Selon sa définition, la France contemporaine a des racines en péninsule indochinoise, en Afrique de l'Ouest, en Afrique du Nord et dans toute l'Europe, car sa nation est du monde entier.

1 Ernest Renan, *Qu'est-ce qu'une nation ?* (conférence prononcée à la Sorbonne), Calmann-Lévy, 1882.

2 *Ibid.*

La Révolution a introduit en théorie (mais pas encore totalement en pratique) l'idée d'une identité française ouverte à tous·tes celles et ceux qui viendraient vivre sur ce territoire pour y partager l'idéal d'égalité, de liberté et de fraternité. La France, en tant que puissance coloniale, a maintenu des systèmes de domination et d'exploitation dans ses colonies, où les populations indigènes étaient souvent considérées comme des sujets inférieurs et non comme des citoyen·nes. Cette contradiction est au cœur de l'hypocrisie universelle française : d'un côté, la République se posait en championne des droits de l'homme et de l'égalité, de l'autre, elle perpétuait des pratiques coloniales discriminatoires et répressives. En outre, au sein même de la métropole, les femmes étaient exclues de la citoyenneté pleine et entière, étant privées du droit de vote et d'autres droits politiques. Les principes d'égalité de la République ne s'appliquaient donc pas à elles, reflétant une vision androcentrée de la citoyenneté. Cette exclusion systématique démontre une autre facette de l'hypocrisie universelle française, où les droits proclamés ne bénéficiaient pas à toutes les composantes de la société. Réjane Sénac utilise le terme « non-frères[1] » pour désigner ces groupes exclus du projet républicain d'égalité, tant dans les colonies qu'au sein de la population féminine de la métropole. Elle souligne ainsi les limites et les contradictions d'un universalisme qui, en pratique, maintenait des hiérarchies et des inégalités profondes, malgré son discours égalitaire.

L'extrême droite, sous couvert de valoriser l'identité, celle de la France ou celle des terroirs, promeut en réalité une version étriquée de l'identité. Elle galvanise la frontière pour la rendre imperméable à ce qui est au dehors ; elle considère comme pure l'identité de l'intérieur, et impure celle de l'extérieur ; elle essentialise le patrimoine français comme un patrimoine gaulois au mépris de l'universalité de ses enfants ;

1 Réjane Sénac, *Les Non-frères au pays de l'égalité*, Presses de Sciences Po, Paris, 2017.

elle idéologise nation et identité en appliquant nationalisme et identitarisme à leur endroit ; elle nie la multiplicité des identités aux Français·es musulman·es, arabes ou amazigh·es, d'origine maghrébine, pleinement tout cela à la fois ; elle fige l'identité dans une photo sépia dépassée qui n'est pas mise à l'épreuve du temps et des mutations ; elle confond le traditionalisme, figé lui aussi, avec la transmission et l'héritage collectif pourtant vivant. En somme, elle utilise l'identité pour exclure et non pour inclure.

LA GAUCHE ET L'IDENTITÉ

Une partie de la gauche ne s'accommodait pas de savoir de quelle identité et de quelle nation on parlait, elle rejetait tout en bloc de cette question en privilégiant l'internationalisme comme solution. Rosa Luxemburg et Lénine ont combattu nation et nationalisme comme deux faces d'une même pièce. Ils ont associé la nation à une identité protectionniste et responsable de la dilution de l'objectivité de la classe ouvrière en catégories virtuelles affaiblissant son unité[1]. Luxemburg ira même jusqu'à soutenir l'auteur internationaliste radical Karl Kautsky : « [Il] a raison d'inverser la perspective dégagée par Bauer en expliquant que la tâche de la grande réforme socialiste de l'avenir ne sera pas de nationaliser, c'est-à-dire de séparer les masses laborieuses selon les nationalités, mais au contraire d'ouvrir la voie à une culture universelle, internationale, unique dans laquelle les nationalités distinctes disparaîtront un jour[2]. » Rosa Luxemburg et Lénine, bien que tous deux marxistes et révolutionnaires, différaient quelque peu dans leur approche, en termes de stratégie et de perspective. Luxemburg a critiqué le nationalisme en y voyant une diversion de la lutte des classes. Dans son essai *La Question nationale et l'autonomie* (paru

1 Jean-Numa Ducange, *Quand la gauche pensait la nation. Nationalités et socialismes à la Belle Époque*, Fayard, Paris, 2021, p. 84.

2 Rosa Luxemburg, *La Question nationale et l'autonomie,* Le Temps des Cerises, Paris, 2001, p. 160.

en 1908), elle argumente que le nationalisme sert souvent les intérêts de la bourgeoisie nationale plutôt que ceux du prolétariat. Pour elle, les luttes nationales fragmentaient la classe ouvrière et la détournaient de la lutte commune contre le capitalisme. Luxemburg était sceptique quant à l'idée de l'autodétermination nationale, craignant qu'elle ne conduise qu'à de nouvelles formes d'oppression et de division. Lénine, tout en partageant certaines des critiques de Luxemburg sur le nationalisme bourgeois, avait une approche plus pragmatique. Dans *Le Droit des nations à disposer d'elles-mêmes* (1914), Lénine reconnaît l'importance du droit à l'autodétermination nationale comme tactique pour attirer les nations opprimées dans la lutte révolutionnaire contre l'impérialisme. Il considérait que soutenir les mouvements d'indépendance pouvait affaiblir les empires capitalistes et créer des conditions favorables pour la révolution prolétarienne. Cependant, il faisait une distinction claire entre le nationalisme réactionnaire, qui cherche à maintenir ou à établir des États bourgeois, et le nationalisme progressiste, qui peut être utilisé comme un outil temporaire pour mobiliser les masses contre l'impérialisme.

Cette position cependant n'a jamais été majoritaire à gauche. Preuve de cette hétérogénéité au sein des congrès socialistes du XIXe siècle, Clara Zetkin, femme politique allemande, figure historique du féminisme socialiste, défend un « patriotisme prolétarien ». Elle l'appelle « notre patriotisme[1]. »

Pour elle, la patrie subit un monopole de la classe bourgeoise s'étant accaparé le foyer et la propriété de tous afin d'en faire un État-Capital protégeant les intérêts des industriels. Clara Zetkin rêve de nouveaux équilibres plus harmonieux cherchant à créer un lien entre la plus petite identité et la plus universellement partagée. Elle déclare notamment : « Le patriotisme de la bourgeoisie et de l'aristocratie est réactionnaire. Le patriotisme du prolétariat, au contraire, est révolutionnaire.

1 Clara Zetkin, « Unser Patriotismus », *Die Gleichheit*, 27 mai, 10 et 24 juin 1907, p. 316.

Il ne veut pas préserver, il ne peut que renverser. Sa tâche est de faire sauter les chaînes nuisibles et déshonorantes de la domination de classe dont la patrie est prisonnière[1]. »

Quand la gauche prend ses responsabilités et ne s'enferme pas dans le moralisme qu'elle a imité de l'Église catholique pour devenir la nouvelle Église laïque, elle sait habiter ce qui fait sens pour le peuple en lui donnant un nouvel éclairage à l'horizon de l'utopie égalitaire. Guy Haarscher, dans son article « La laïcité, la morale laïque et leurs paradoxes[2] », souligne comment la laïcité et la morale laïque en France peuvent parfois reproduire des structures similaires à celles des institutions religieuses, en tentant de réguler l'agir humain et de diffuser une morale publique qui dépasse la simple séparation de l'Église et de l'État.

Antonio Gramsci s'est lui beaucoup battu pour investir le concept de « national-populaire ». Gramsci (1891-1937) était un intellectuel, théoricien politique et cofondateur du Parti communiste italien. Né en Sardaigne, il a étudié à l'université de Turin, où il a été influencé par le mouvement socialiste. Il est surtout connu pour son travail en tant que théoricien marxiste, notamment pour ses concepts de l'hégémonie culturelle et des intellectuels organiques. Constatant la prise de pouvoir du fascisme en Italie en utilisant les affects d'une nation qui se reconnaît une langue et un territoire, Gramsci regrette que le Parti communiste ne sache pas valoriser un patriotisme populaire[3]. Pour lui, l'identité est aussi un point de départ des luttes, car elle est un vecteur de transmission d'une histoire et des sacrifices. L'identité italienne permet, notamment à travers les fêtes locales et les commémorations, de transmettre des communs à partager, mais c'est aussi un

1 *Ibid.*, p. 322.

2 Guy Haarscher, « La laïcité, la morale laïque et leurs paradoxes », *Archives de philosophie du droit*, 2004, vol. 48, p. 123-140.

3 Romain Descendre, « Le concept de "national-populaire" », *Chroniques italiennes. Série web*, n° 36, Sorbonne-Nouvelle, 2018.

moteur d'engagement pour les ouvriers[1]. Gramsci ajoutait même que ce serait la classe ouvrière qui parachèverait l'unité nationale de chaque pays, là où la classe bourgeoise ne pouvait se satisfaire que d'une unité partielle et superficielle, suffisante à son exploitation des personnes et des ressources.

Outre-Rhin, celui qu'on surnomme le Jaurès allemand, August Bebel (1840-1913) faisait lui la promotion constante d'un internationalisme fédérateur des nations libres.

Ces différents exemples montrent comment l'identité et plus particulièrement l'identité nationale peuvent être des concepts à manier, certes avec prudence, de la main gauche. C'est-à-dire des concepts convergents avec le projet démocratique, économique, social et désormais écologique de l'histoire du mouvement progressiste à gauche de la vie politique.

1 Antonio Gramsci, *Cahiers de prison*, cinq volumes, Gallimard, Paris, 1978-1996.

RÉVOLUTIONS, TERROIRS, PATRIOTISME

LA GAUCHE PATRIOTE PENDANT LA RÉVOLUTION

En 1789, au moment de l'élection des états généraux, le patriotisme avait une tout autre dimension que celle qui irrigua les débats que nous venons d'évoquer. Les états généraux étaient une institution représentative en France sous l'Ancien Régime[1], convoquée par le roi pour obtenir des conseils et approuver des décisions, notamment en matière fiscale et législative. Ils étaient composés de trois ordres : le clergé, la noblesse et le tiers état (ce dernier représentant 97 % de la population). Les états généraux se réunissaient de manière irrégulière et n'avaient pas de pouvoir législatif autonome, leur rôle principal étant consultatif. Ils ont été convoqués une trentaine de fois entre 1302 et 1789. Les premières réunions, comme celle de 1302 sous Philippe IV, visaient principalement à obtenir un soutien pour les décisions royales, souvent en période de crise financière ou politique. La session la plus connue est donc celle de 1789, qui a marqué un tournant historique majeur.

Tout au long du mois de mars 1789, les provinces de France constituent des assemblées représentatives des trois ordres afin d'élire leurs délégués. Contrairement aux idées reçues, à ce moment-là de l'histoire, les campagnes sont davantage mobilisées dans le processus électoral que les villes. Le taux de participation y est en moyenne de 35 %, alors qu'il atteint 60 % dans les plus petits villages. De même, l'inscription sur les listes électorales est plus élevée dans ces derniers,

1 On ne le sait pas assez, mais les états généraux ne sont pas un événement historique unique. C'était une institution de l'Ancien Régime qui se réunissait pour résoudre un différend ou une crise que traversait le royaume. En 1789, il s'agit de résoudre la famine et la crise administrative et fiscale.

de 10 points en moyenne[1]. Dans les faits, la Révolution est menée en partie par les campagnes avec un enthousiasme nourri par le rêve d'un partage des terres.

Le processus révolutionnaire a inauguré une toute nouvelle vision de l'échelon local dans la nation. Le terme de député provient du bas latin *deputatus*, « le délégué du territoire, l'envoyé du lieu ». « Député » commence à faire son apparition pour désigner les délégués du tiers état (la moitié des près de 1 200 députés). Ils ne le savent pas encore, mais pendant deux ans, ces quelques centaines de représentants du peuple et des petits pays de France vont changer l'histoire de notre pays et du monde. De leurs terroirs à la nation, ils vont inventer une nouvelle union. Pour montrer la nécessité d'appartenir à « quelque part » et de pouvoir justifier de sa venue aux états généraux, il fallait prouver son ancrage. Dès l'ouverture des états généraux, les premiers débats portent sur le système de scrutin. Avant de procéder à la « vérification des pouvoirs », processus par lequel Versailles et les huissiers s'assureront de la légitimité de tous les représentants élus par l'ensemble des petits pays de France, le tiers état fait déjà blocage. L'idée est de s'assurer que chaque député dispose véritablement d'une légitimité locale incontestable et qu'il a reçu son pouvoir d'une assemblée d'électeurs correspondant à un millième du territoire français, c'est-à-dire, à ce moment- là, du royaume.

Dès le 11 mai 1789, les députés du tiers état se réunissent dans leur ordre et constituent ce qu'ils appellent « l'Assemblée des communes » pour asseoir leur légitimité à représenter le plus petit échelon territorial français. La terminologie de « tiers état » leur était imposée par les deux autres ordres, et comme son nom l'indique, les réduisait à une identité relative, comme la dernière roue du carrosse. Ils se choisissent le nom « d'Assemblée des communes », s'inspirant de la dénomination de l'assemblée britannique (qui existe depuis 1215

1 Julia Cagé et Thomas Piketty, *Une histoire du conflit politique. Élections et inégalités sociales en France, 1789-2022*, Seuil, Paris, 2023, p. 384

et fait face à l'Assemblée des lords). Les députés élus par le tiers état se font appeler « députés des communes ». Ainsi, tout au long de ces états généraux (5 mai-17 juin 1789), les procès-verbaux s'organisent autour de trois types de comptes rendus : la noblesse, le clergé et les *communes*.

En signe d'ouverture à cette épopée créant un « vécu commun » aux députés élus, la noblesse et le clergé sont invités à les rejoindre. Le 11 juin, l'abbé Sieyès, célèbre pour son ouvrage intitulé *Qu'est-ce le tiers état ?*, dépose une motion demandant l'association des trois ordres au sein de l'Assemblée des communes. Trois curés des terroirs du Poitou rejoignent cette Assemblée dès le 13 juin, et 19 autres ecclésiastiques le 16. Sieyès organise alors le processus de vérification dans cette nouvelle assemblée – et non au sein des états généraux convoqués. Il propose d'intituler ce nouvel espace « Assemblée des représentants connus et vérifiés de la Nation française ». Puis un député du terroir du Berry, Jérôme Legrand, propose tout simplement « Assemblée nationale ». La motion est adoptée à la majorité absolue.

Réalisant que les états généraux ne se déroulent pas du tout comme prévu, Louis XVI décide de fermer la salle où se réunit l'Assemblée. Qu'à cela ne tienne, trois jours plus tard, le samedi 20 juin 1789, les députés se réunissent dans une salle voisine, la salle du Jeu de paume, et jurent de ne jamais se séparer tant que la France ne sera pas dotée d'une Constitution. Une semaine plus tard, le 27 juin, le roi désespère et invite les réfractaires des deux autres ordres à se joindre à eux et reconnaît la légitimité de l'Assemblée nationale. Le 9 juillet, la réconciliation a lieu, les trois ordres sont là, avec la bénédiction du roi, et deviennent l'Assemblée nationale constituante sur la base de l'Assemblée des communes.

Pendant les deux années qui vont suivre, les 1 200 députés vont travailler jour et nuit sur la première Constitution française. La tâche est immense. C'est dans cette Assemblée nationale constituante que va apparaître pour la première fois la notion de droite et de gauche, à l'issue d'un vote sur le droit de veto du roi. Les députés favorables à son veto sont priés de se disposer à droite de la salle, ceux qui s'y opposent à gauche. Ainsi naît l'axe conservatisme-progrès, ou le premier clivage droite-gauche.

Le patriotisme émerge au moment de la construction de cet axe droite-gauche. Or, le patriotisme, à ce moment-là, c'est l'extrême gauche. Au sein de la Constituante, il n'y a pas encore de partis politiques. Les trois ordres ne jouent plus ce rôle de structuration du débat et du rapport de force, car de nombreux nobles et clercs rejoignent la cause révolutionnaire qui consiste pour le moment à faire nation et instituer une citoyenneté politique. Inversement, une minorité de députés du tiers état restent attachés à la monarchie féodale. Pour organiser les débats, trois grandes tendances viennent structurer le clivage de droite à gauche :

- les monarchistes (1), partisans du maintien de l'Ancien Régime, cherchant à limiter le processus révolutionnaire, à préserver les particularismes locaux et le droit coutumier autant que les privilèges des villes et autres principautés, à défendre les intérêts du roi et de la noblesse et à revenir au vote par ordre ;
- les constitutionnels (2) défendant une monarchie encadrée par une séparation des pouvoirs, une reconnaissance des droits fondamentaux et la fin de la féodalité. Ils sont surnommés « les monarchiens », du fait de leur attachement à la monarchie constitutionnelle et à l'émergence d'une harmonie nationale autour de la personne du roi, inspirée de la première révolution anglaise de 1651. Ils sont largement majoritaires de 1789 à 1792, soit pendant la Constituante (1789-1791) et la seule année de monarchie constitutionnelle en France (1791-1792) ;
- et enfin, considérés à l'époque comme la gauche, voire l'extrême gauche : les Patriotes (3), qui seront

à l'origine de toutes les futures tendances du débat démocratique français, des clubs et surtout, à partir de 1792, de l'émergence de l'idée républicaine.

L'ORIGINE DU PATRIOTISME À L'EXTRÊME GAUCHE

Du latin *patria* qui signifie « la terre des aïeux », la patrie, c'est la nature féconde en commun. En France, les Patriotes émergent comme une force politique informelle au long de l'année 1788, dans les mois agités qui vont précéder la Révolution française.

Au printemps 1788, le garde des Sceaux du roi, Lamoignon, retire au parlement de Paris (sorte de cour de justice, que l'on trouvait dans chacune des provinces de France) son droit de remontrance, c'est-à-dire le droit de contester provisoirement une décision juridique du roi.

La colère gagne tout le pays, et en particulier dans le terroir du Dauphiné (qui s'étendait sur l'actuelle Isère et une partie de la Drôme et des Hautes-Alpes), où la bourgeoisie locale des Alpes dispose d'une industrie florissante et promeut le libre-échange. Décidés à protester contre l'autorité royale, les membres du parlement du Dauphiné, qui siège à Grenoble, se réunissent le 20 mai 1788, contre l'accord de Versailles. Le 7 juin, Lamoignon envoie les troupes royales déloger les parlementaires et prononcer leur exil des terroirs du Dauphiné. Soutenus par la population, les notables locaux bénéficient d'une révolte dite des « Tuiles », où des Dauphinois montent sur les toits et s'attaquent aux soldats de la Garde royale en leur jetant lesdites tuiles. À la fin de l'après-midi du 7 juin, la Garde royale capitule et laisse Grenoble aux parlementaires du Dauphiné. La journée des Tuiles a un écho dans tout le pays. Le 21 juillet, les députés du Dauphiné n'en restent pas là et se réunissent illégalement à Vizille (Isère) en assemblée, où ils décident de renoncer à payer l'impôt et appellent toutes les provinces à faire de même.

Une frange d'entre eux, autoproclamés « les Patriotes », c'est-à-dire les défenseurs de la terre, se reconnaissent mutuellement. C'est de la terre qu'ils tiennent leur légitimité. Ils la connaissent, ils la travaillent et ils en tirent profit. L'Assemblée de Vizille instaure pour la première fois un vote par tête – en opposition au vote par ordre, traditionnellement mis en œuvre dans toutes les provinces. Les députés de Vizille votent que « les trois ordres de la province du Dauphiné n'octroieront les impôts que lorsque leurs représentants en auront délibéré dans les états généraux du royaume ». C'est un certain Perier, industriel et banquier local issu du terroir du Grésivaudan, qui prend l'initiative d'instaurer ce vote par tête.

Pour obtenir l'accord de ses homologues de la noblesse grenobloise, il argue du fait que la bourgeoisie du tiers état est celle qui travaille et laboure ce territoire, et qu'elle doit décider pour elle-même les règles et la fiscalité qu'elle subit. Cette innovation démocratique donnera des idées à d'autres dans tout le royaume. La terre nourricière, la terre politique donc, devient la mère patrie. Les Patriotes formulent alors une seule demande au roi : convoquer les états généraux du royaume. Après deux semaines d'âpres négociations à la cour, le roi cède, et le 8 août 1788, il convoque les états généraux en donnant rendez-vous à Versailles le 5 mai de l'année suivante.

À l'automne 1788, les Patriotes fondent à Paris un club, sorte d'ancêtre de parti politique : la Société des Trente. En son sein, le duc d'Aiguillon, Adrien Duport et Alexandre Lameth, rejoints plus tard par Mirabeau, La Fayette, Condorcet et Sièyes. Profitant d'une presse déjà libre (ou plutôt encore libre, car le contrôle n'a pas encore vraiment commencé), les Patriotes opposent à l'ancienne France – divisée en ordres, structurée en corps, composant une société « verticale » – une France « horizontale ». L'idée centrale est la souveraineté du peuple, légitime par la terre, et l'égalité civile dans le droit. Ce sont ces deux jambes qui sont alors baptisées le patriotisme.

Les prémices d'une presse libre diffusent l'idéologie égalitaire, notamment à travers *La Sentinelle du Peuple*, de Volney, qui publie cinq numéros entre novembre et décembre 1788. De nouvelles formes de sociabilité émergent de toutes parts pour en discuter, sur tous les territoires : cercles, cafés, cabinets de lecture, académies locales et loges maçonniques, la société civile s'organise dans un nouveau mode de relation[1].

Au centre de ce débat profondément vivant sur tous les territoires, un homme, Adrien Duport, anime chez lui à Paris une conversation ritualisée sur la citoyenneté et le patriotisme. Tous les mardis, vendredis et dimanches à 17 h 10, les sociétaires de la Société des Trente se retrouvent pour faire de la philosophie. Ils admirent la guerre d'Indépendance américaine et sa constitution de 1776, dont ils rêvent d'avoir une réplique en France. Ils parviennent à faire venir Lafayette de temps à autre pour converser lors de ces fins d'après-midi. Adrien Duport connaît déjà le monde associatif grâce à un réseau européen de médecine : le mesmérisme. Il tient de cette organisation la découverte de l'organisation en réseau de sociétés affiliées et organisées en groupes locaux à la plus petite échelle. Il utilisera d'ailleurs le réseau des associations mesmériennes chez les médecins locaux pour fonder des sociétés locales populaires affiliées à la Société des Trente. L'infrastructure invisible qu'ils mettent sur pied devient une contre-société enracinée dans les terroirs, bien que pilotée par Paris, déjà... Par ailleurs, les membres de la Société des Trente sont issus des trois ordres, préfigurant la réconciliation post-révolutionnaire qu'ils appellent de leurs vœux.

Pendant l'automne 1788, la Société des Trente est tellement structurée dans tout le pays à travers des sections locales du Parti patriote qu'elle participe à l'organisation et la tenue

1 « 1789, l'année sans pareille : 4. La Société des Trente et l'opinion publique », *Le Monde*, 15 juillet 1988.

des élections de mars 1789. Il faut organiser des lieux de vote et des assemblées d'électeurs au plus près des habitants. La Société des Trente, qui se retrouve co-organisatrice de l'élection, en profite pour pousser bien sûr ses candidats et vérifier la conformité du vote face à des tentatives de fraude de magistrats locaux. Évidemment incomparable avec le bureau national d'un parti centralisé, comme ceux que nous avons connus plus tard, il est pour autant incontestable que la Société des Trente fait émerger dans l'idéal national une idée de la France mosaïque de ses territoires et de Paris comme espace de représentation de ceux-ci.

D'août 1788 à mai 1789, pendant la rédaction des cahiers de doléances puis pendant l'élection des représentants aux états généraux, les Patriotes se structurent pour faire face aux aristocrates dans l'animation du processus consultatif. La France est alors découpée en 445 bailliages, qui sont comme des préfectures avec à leur tête un bailli, représentant direct du roi et ancêtre du préfet. Dans chacun de ces bailliages, le cahier des doléances est rédigé collectivement à l'attention des futurs députés qui représenteront le territoire en question pour les états généraux de mai. Dans ce processus rédactionnel où les aristocrates détiennent naturellement la plus grande part d'autorité, les Patriotes n'hésitent pas à leur contester ce pouvoir et tiennent à contrôler le rapport qui est fait des remontrances et revendications territoriales. Ils habituent ainsi les Français au débat, en mettant en pratique l'idéal de liberté des Lumières. Enfin, pour revenir à notre processus révolutionnaire, ce sont eux qui, du 5 mai au 17 juin, se battront pour faire reconnaître de nouveau, au niveau national, le vote par tête.

Pendant les deux années suivantes, au sein de la Constituante, du 9 juillet 1789 au 3 septembre 1791, les Patriotes, bien que minoritaires, vont former un corps solide à gauche de l'hémicycle. Ils pratiquent le tutoiement généralisé, considérant le vouvoiement comme une pratique d'Ancien Régime, ils s'appellent entre eux « citoyen » – et « citoyenne », pour les plus progressistes d'entre eux qui reconnaissent les femmes dans cette fraternité. Bien avant l'émergence de l'idéal républicain, (quasi) inexistant à ce moment-là, l'ambition est de construire une monarchie constitutionnelle, libérale et égalitaire. Ce sont les Patriotes, toujours, qui publieront le journal le plus régulier de la Révolution, *Le Patriote français* ; qui organiseront les sectionnaires du faubourg Saint-Antoine pour la prise de la Bastille ; qui soutiendront la venue du roi à Paris à partir d'octobre 1789 ; qui contribueront ensuite au Club breton, puis à la Société des amis de la Constitution, plus connue sous le nom de club des Jacobins ; ce sont eux aussi, enfin, qui manifesteront sur le Champ-de-Mars en juillet 1791, quelques jours avant l'adoption de la première Constitution de la France, pour la destitution du roi, et seront sévèrement réprimés par la Garde nationale. En somme, les Patriotes sont les précurseurs de l'unité française dans la diversité des identités locales.

LES TERROIRS PENDANT LA CONSTITUANTE

En plus de la Constitution, la Constituante va rédiger et promulguer pendant deux ans 69 lois et 102 décrets[1]. J'ai lu l'intégralité des textes en question et j'ai été marqué par la très forte présence des identités locales, mises en compétition avec le projet d'uniformisation nationale. Parmi ces textes, deux concernent immédiatement nos terroirs.

Le premier, datant du 4 août 1789, proclame l'abolition des privilèges féodaux, c'est-à-dire la fin des règles locales particulières et des avantages pour la noblesse ou le clergé.

1 Leur inventaire est consultable sur le site internet des Archives nationales : www.archivesnationales.culture.gouv.fr/chan/chan/series/pdf/serieA.pdf

Le second, du 4 janvier 1790, porte sur la création de 83 départements uniformes, décision qui ne sera pas sans débat pour les terroirs.

Les Patriotes sont sur la corde raide. D'un côté, ils savent qu'ils doivent leur légitimité à la terre et souhaitent donc lui être fidèles ; de l'autre, la dénomination des anciennes régions naturelles ou des petits pays peut renvoyer à une toponymie trop proche de l'Ancien Régime et rappeler le champ lexical des privilèges locaux et féodaux. Ainsi, même si les Patriotes promeuvent une fédération de communautés locales, librement associées dans un idéal révolutionnaire, ils vont élaborer une carte qui aura tendance à effacer les traces des terroirs du passé.

Si plus tard, aux élections de 1848 et à toutes les législatives de la IIIe République (1871-1940), les électeurs ruraux vont clairement se mobiliser en faveur des conservateurs, cette tendance est tardive, issue notamment de la déception de la Révolution chez les classes paysannes. Dans leur ouvrage *Une histoire du conflit politique*, Thomas Piketty et Julia Cagé relatent en détail la façon dont le monde rural le plus proche des terroirs a vécu comme une véritable trahison certaines décisions de la Révolution de 1789.

Par exemple, dans une ancienne province comme la Bretagne, la Révolution avait des prémices anciennes : les cahiers de doléances des états généraux sont parmi les plus détaillés du pays, directement rédigés par les paysans (la noblesse ayant boycotté le processus). Le Club breton, à l'origine des Jacobins et en relation avec la Société des Trente, y exerce une influence libérale depuis plusieurs années, la Bretagne ayant maintenu la coutume de réunir ses états provinciaux tous les deux ans, ce qui servit de répétition générale[1]. Les cahiers de doléances bretons sont les seuls à recenser avec autant de précision la quasi-totalité des grandes réformes que

1 Paul Bois, *Paysans de l'Ouest. Des structures économiques et sociales aux options politiques depuis l'époque révolutionnaire dans la Sarthe*, Les Éditions de l'EHESS, Paris, 1984 [1960].

l'Assemblée nationale constituante va effectivement adopter entre 1789 et 1791 : la séparation des pouvoirs, le vote par tête, le droit de faire des lois et de voter l'impôt, l'égalité devant la loi et l'impôt, l'abolition de la féodalité, des trois ordres, des juridictions spéciales, des intendants, la création d'une Constitution, la limitation du pouvoir du roi, la soumission du clergé à l'impôt, la liberté de la presse.

Trois grandes revendications jalonnent les cahiers de doléances de la Bretagne : la gratuité de la justice, la création d'écoles de campagne et l'entrée aux universités par concours. Aucune d'entre elles, en revanche, ne sera prise en compte par la Constituante. La déception du monde paysan commence.

La réforme fiscale adoptée par la Constituante réduit les impôts indirects (gabelle, octrois) et augmente l'impôt direct. Celui-ci est proportionnel à la surface foncière agricole mais ne tient pas compte des inégalités de richesses et n'est pas progressif, comme le suggéraient les Bretons dans leurs cahiers de doléances. Ainsi, les paysans pauvres ne sont pas protégés alors qu'ils avaient mis tous leurs espoirs dans ce processus révolutionnaire issu des terroirs bretons.

Pendant la Révolution, aucune redistribution des terres n'a lieu. L'enjeu prioritaire pour les Jacobins est de renflouer les caisses de l'État, en vendant les biens de l'Église aux enchères, donc au profit des plus riches. Il n'est pas question de distribuer des parcelles aux plus pauvres, et surtout pas aux paysans qui travaillent la terre. De nouveaux propriétaires terriens, issus de la bourgeoisie des villes, vont donc émerger et louer leurs terres aux agriculteurs.

Dans le terroir des Mauges (une région de la Vendée à cheval sur le département actuel du Maine-et-Loire), la bourgeoisie urbaine achète la quasi-totalité des terres agricoles de l'Église. Comme le cercle vicieux ne s'arrête pas là, le suffrage était censitaire, c'est-à-dire qu'il fallait payer un impôt minimum pour avoir le droit de voter : avec cet appauvrissement accéléré de la population rurale, des paysans se retrouvent *de facto* écartés de la citoyenneté pour laquelle ils s'étaient battus.

Déjà en 1790, on parle dans la presse locale des Mauges de « l'hypocrisie de la gauche » ou des « élites de la gauche[1] ». La nuit du 4 août 1789 doit pourtant beaucoup aux révoltes paysannes de l'été 1789 qui s'en prirent, partout en France, aux seigneurs locaux et qui brûlèrent les titres de propriété pour convaincre les députés de Paris d'en finir avec les institutions féodales.

Dès l'été 1788, quand se pose la question des élections, les paysans organisent partout sur le territoire un climat insurrectionnel en occupant des parcelles de biens communaux ou en menaçant physiquement les propriétaires issus de la noblesse de sang[2]. L'espoir profond des paysans avec la Révolution est d'accéder à la propriété[3]. De fait, il n'y a pas de députés ruraux à la Constituante, à part quelques Bretons. Cette absence va se faire ressentir. Les élus sont des notables locaux, très majoritairement issus de la bourgeoisie industrielle, des avocats, des scientifiques.

On constate ici une sorte de déception originelle de la masse rurale qui traversera les deux siècles suivants : la gauche sera désormais associée aux classes ouvrières urbaines et industrielles pour les décennies à venir, avec de rares exceptions comme les bons scores du PCF dans le Limousin ou le Périgord[4].

1 Michel Bussi (dir.), *Le « Tableau politique de la France de l'Ouest » d'André Siegfried, 100 ans après. Héritages et postérités*, Presses universitaires de Rennes, 2019.

2 Jean Nicolas, *La Rébellion française. Mouvements populaires et conscience sociale (1661-1789)*, Gallimard, Paris, 2014.

3 Laird Boswell, *Le Communisme rural en France. Le Limousin et la Dordogne de 1920 à 1939*, Presses universitaires de Limoges, 2006.

4 Julian Mischi, « Ouvriers ruraux, pouvoir local et conflits de classes », *Agone*, n° 51, 2013, p. 7-25.

TERROIRS ET TOPONYMISATION À LA RÉVOLUTION

Cette déception sera d'autant plus grande quand les révolutionnaires jacobins, depuis leur couvent parisien, décideront d'une carte austère et abrupte, effaçant les particularismes locaux et régionaux. Pour certains, cette violence est plus brutale que pour d'autres. Pour les Basques par exemple, historiquement opposés aux Béarnais, un décret décide de les associer dans un seul département, reprenant exactement les frontières des deux ensembles de terroirs mais tristement baptisé « Basses-Pyrénées[1] » (puis Pyrénées-Atlantiques, depuis 1969). Avec leur langue propre et leurs coutumes, les Basques vivaient principalement dans la province de Labourd, de Soule et une partie de la Basse-Navarre. Appartenant au Béarn, une ancienne principauté sous influence française, les Béarnais avaient également une forte identité culturelle et des institutions locales spécifiques. Le choix du chef-lieu du département a été une source majeure de conflit. Les Basques préféraient Bayonne, un centre économique et culturel important pour eux, tandis que les Béarnais soutenaient Pau, l'ancienne capitale du Béarn. Les Basques souhaitaient un département qui respecte leur identité et leurs particularités régionales, craignant la dilution de leur culture par leur inclusion dans un département dominé par les Béarnais. Les Béarnais, de leur côté, voulaient une intégration qui favorise l'unité et l'administration centralisée, souvent au détriment des spécificités basques. Finalement, le département des Basses-Pyrénées fut créé en 1790, avec Pau comme chef-lieu administratif et Bayonne comme chef-lieu judiciaire. Cette solution visait à équilibrer les intérêts des deux groupes mais ne résolut pas entièrement les tensions.

1 La collection générale des décrets rendus par l'Assemblée nationale est consultable en ligne : books.google.com.do/books?id=K2X7S9G4eRsC&dq=&pg=PA10#v=onepage&q&f=false

De même, le Beaujolais et le Lyonnais forment le Rhône (69) ; l'Aunis et la Saintonge disparaissent sous la Charente-Maritime (17) ; le Quercy sous le Lot (46) ; le Périgord sous la Dordogne (24) ; la Champagne sous la Marne (51) ; le Caux sous la Seine-Maritime (76). D'autres identités terroiresques plus puissantes en termes d'appartenance et de traditions sont sciemment scindées sur plusieurs nouveaux départements : la Brie est à cheval sur la Seine-et-Marne (77) et la Marne ; la Beauce entre le Loiret (45) et l'Eure-et-Loir (28) ; la Sologne, la Bresse, les Cévennes et le Perche connaissent le même sort[1]. Quand les députés attachés aux terroirs négocient, les départements reprennent parfois les frontières naturelles des terroirs en changeant de dénomination, comme l'Anjou qui coïncide avec le Maine-et-Loire (49), ou la Cornouaille avec le Finistère (29), les Flandres françaises avec le Nord (59) et l'Artois avec le Pas-de-Calais (62). D'autres obtiennent même le maintien du terme historique pour dénommer le département comme dans les Ardennes (08), la Nièvre (58), la Vendée (85), la Drôme (26) ou les Landes (40). Parfois, les noms choisis n'ont aucune réalité concrète, ils sont surplombants et incarnent une nouvelle verticalité, fruit d'un jacobinisme égaré : qui n'a jamais eu du mal à retenir où sont l'Indre-et-Loire (37), le Loir-et-Cher (41), le Cher (18), l'Indre (36), le Loiret (45), le Lot-et-Garonne (47) ou encore le Tarn-et-Garonne (82) ? On peut aussi citer les Alpes-de-Haute-Provence (04), les Hautes-Alpes (05), les Alpes-Maritimes (06), qui décrivent à chaque fois un cours d'eau ou une montagne, mais sans tenir compte des usages locaux et des dénominations culturelles propres. Encore aujourd'hui, dans sept départements, le gentilé officiel, c'est-à-dire la dénomination des habitant·es, provient de terroirs anciens et non du département administratif. Les Pyrénées-Atlantiques nomment leurs habitant·es Basques ou Béarnais·es. Dans l'Allier, on parle de Bourbonnais·es.

1 Par la loi du 22 décembre 1789 relative à la constitution des assemblées primaires et des assemblées administratives, qui est un décret de l'Assemblée nationale constituante adopté le 22 décembre 1789 : www.assemblee-nationale.fr/histoire/images-decentralisation/decentralisation/loi-du-22-decembre-1789-.pdf

Les habitant·es du Cher sont des Berrichon·nes. En Indre-et-Loire, ce sont des Tourangeaux ou des Tourangelles. En Pyrénées-Orientales on parle officiellement de Roussillonnais·es. Dans le Maine-et-Loire des Angevin·es et enfin, parmi les plus emblématiques, la Dordogne accueille les Périgourdin·es.

Certes, les références toponymiques ou géographiques de ces terroirs sont souvent liées à d'anciennes provinces ou d'anciennes institutions féodales. Mais elles sont surtout labourées par les habitant·es d'un pays – et par des humains en relation avec leur milieu.

Au-delà de la période révolutionnaire, l'idée de réformer l'organisation territoriale est une idée ancienne dans la monarchie française. À la veille de la Révolution, l'organisation territoriale est d'une extrême complexité. Les circonscriptions administratives, militaires, ecclésiastiques, judiciaires et fiscales ne se recoupent pas, elles s'empilent : pire, elles s'enchevêtrent ! De fait, un sujet du roi ignore parfois à quelle entité il appartient dans chacune des cinq couches administratives, tant cela peut varier d'un village à l'autre. Les provinces quant à elles, au nombre de 37 à la veille de la Révolution, sont plus proches de la réalité terroiresque. Elles épousent chacune une quinzaine de pays et terroirs rassemblés dans les provinces, elles-mêmes plutôt respectueuses de la géomorphologie, des bassins versants et des crêtes. Les ministres Turgot, en 1775, puis Necker, en 1776, tentent de proposer une nouvelle administration du royaume. C'est Condorcet qui fera la proposition la plus aboutie à la veille de la Révolution, en 1787, dans son *Essai sur la Constitution et les fonctions des Assemblées provinciales*[1].

« Condorcet propose une division territoriale du royaume en provinces, subdivisées en districts, eux-mêmes subdivisés en communautés. Chaque division aurait deux assemblées :

1 Condorcet (marquis de), *Essai sur la Constitution et les fonctions des Assemblées provinciales*, 1788.

une assemblée d'administration et une assemblée d'élection. Chaque assemblée d'élection aurait pour fonction d'élire les membres de l'assemblée d'administration. Chaque assemblée d'administration serait délibérative mais ne serait pas permanente. Les limites d'une communauté devraient être fixées de sorte qu'en une journée, les citoyens les plus éloignés du chef-lieu de la communauté puissent s'y rendre, y traiter d'affaires pendant plusieurs heures puis retourner chez eux : le rayon d'une communauté devrait, dès lors, être de trois lieues. Celui d'un district devrait être, au plus, d'une demi-journée de distance ; et celui d'une province, au plus, d'une journée de distance, à partir du chef-lieu de district le plus éloigné de celui de la province[1]. »

Ce découpage, un peu abscons en apparence, pose en fait les prémices de l'idée selon laquelle la préfecture doit être à distance d'une journée à cheval de n'importe quelle partie du département pour pouvoir s'y rendre sans avoir à payer d'hébergement pour la nuit. La Constituante nomme dès septembre 1789 un comité de Constitution chargé de proposer la nouvelle administration territoriale et sa représentativité nationale à la proportionnelle. Finalement, la décision est reportée à l'hiver et ce sera plus long que prévu.

LES IDENTITÉS LOCALES, DES TERROIRS AUX DÉPARTEMENTS

Le débat qui mène à la création des 83 départements a lieu au sein même de la grande famille des Jacobins. Contrairement aux idées reçues, toutes les branches du jacobinisme ne sont pas centralisatrices. Les Jacobins sont le surnom donné à la Société des amis de la Constitution, transformation du Club breton au moment où l'Assemblée quitte Versailles pour Paris, en octobre 1789. Il y a donc dans ses membres tous les

1 Franck Alengry, *Condorcet, guide de la Révolution française*, Giard & Brière, Paris, 1904.

représentants de la paysannerie locale évoquée auparavant. Au moment de chercher un nouveau siège parisien, le Club breton s'établit dans le couvent des Jacobins, qui lui donnera ensuite son nom resté dans l'histoire.

Les Jacobins, bien qu'à gauche de l'hémicycle aux côtés des Patriotes, sont eux-mêmes traversés par leurs propres contradictions. À leur droite, Mirabeau, au centre le triumvirat Barnave, Lameth et Duport, héritiers de la Société des Trente, et à gauche Robespierre, arrivant du nord de la France. Chacune de ces trois tendances donnera lieu plus tard à trois nouvelles forces politiques. Le club des Jacobins va se déplacer trois fois sur sa gauche et provoquera à chaque occasion une scission sur sa droite, constituant de nouveaux « centres » modérés de la Révolution dans une période de radicalisation croissante.

- Première rupture en 1791, les Feuillants, héritiers de Mirabeau, refusent l'usage de la violence et les manifestations pour la destitution du roi, tiennent à la fédération et ne souhaitent pas basculer en république après la fuite de Varenne.
- Deuxième rupture en 1793 avec les Girondins (ou Brissotins) qui, bien que participant à la Terreur, sont régionalistes et en faveur d'une France décentralisée.
- Et enfin troisième rupture : les Montagnards, qui restent seuls héritiers des Jacobins après l'instauration de la Terreur qu'ils ont eux-mêmes fomentée, défendent une France centralisée avec un pouvoir fort et bénéficient de la discipline populaire des sans-culottes, animés par la Commune insurrectionnelle de Paris. On comprend donc que tous ces Jacobins ont bien trois conceptions différentes du territoire français et vont incarner trois positions à ce sujet : l'utilitarisme, le fédéralisme et le provincialisme. Examinons-les dans l'ordre.

D'abord, les utilitaristes qui, si nous revenons en 1789 – quand les Jacobins n'étaient pas encore divisés –, sont menés par Sieyès. Leur théorie est plutôt soutenue par ceux qui deviendront plus tard robespierristes et Montagnards. L'idée est de structurer la France en carrés de taille équivalente, avec Paris comme territoire singulier sur le modèle de Washington D.C. aux États-Unis, pour être en quelque sorte le territoire de la nation et non le territoire d'une communauté[1].

Le plan prévoit la division du royaume en 81 départements, chacun formant un carré de 18 lieues terrestres de côté. Chaque département est lui-même redivisé en 9 districts et en 9 cantons, de taille équivalente. Chaque canton devrait compter en moyenne 680 citoyens actifs pour constituer l'assemblée primaire des cantons. À la tête de chacun de ces départements, une assemblée départementale serait constituée de 81 membres. Le rôle principal des assemblées départementales serait de nommer les députés à l'Assemblée nationale, à raison de 9 députés par département, soit 720 députés nationaux. C'est une proposition géométrique et mathématique, facile à comprendre, équivalente sur l'ensemble du territoire et faisant fi des montagnes ou des rivières. Les départements sont découpés en lignes droites (la carte d'époque est visible dans les annexes).

Les fédéralistes ensuite, dont l'héritage sera repris par les Girondins, prônent une Fédération nationale de 41 000 communes basées sur les 41 000 paroisses chrétiennes du territoire, elles-mêmes regroupées en départements libres confédérés au sein d'une France fédérale. Préconisé par Buzot et Brissot, le projet s'inspire du modèle des États-Unis. Cette

1 Washington D.C. n'est pas un État, mais un district fédéral, conçu pour servir de siège du gouvernement des États-Unis. Cette distinction est intentionnelle afin de maintenir une neutralité fédérale, en garantissant que la capitale ne soit pas influencée par les intérêts d'un État particulier. Dès lors, ses habitant·es ne disposent pas de représentant·es avec droit de vote au Congrès, bien qu'ils et elles aient un·e délégué·e sans droit de vote à la Chambre des représentants. Cette structure vise à maintenir une séparation claire entre les intérêts locaux et nationaux. Cependant, cette disposition a longtemps suscité des débats sur le déficit démocratique pour les résident·es de D.C., qui payent des impôts fédéraux sans bénéficier d'une représentation législative complète.

idée fut très nettement minoritaire au sein des Jacobins. En outre, les fédéralistes girondins organisèrent une insurrection, du 31 mai au 2 juin 1793, et celle-ci fut sévèrement réprimée par la majorité montagnarde de la Convention. Les Montagnards centralisateurs, mieux organisés et plus installés à la tête des différentes communes, exécutèrent des centaines de fédéralistes ; à Paris, 22 députés sont purement et simplement guillotinés pour le même « crime », celui d'être régionalistes. La violence de cet épisode et la dureté de la répression doublée d'une propagande efficace entraînèrent une méfiance durable à l'encontre de l'idée fédéraliste à laquelle la devise provisoire de la République vint répondre : « Unité, indivisibilité de la République, Liberté, Égalité, Fraternité ou la mort. » Cette devise et notamment son usage d'« unité » et « indivisibilité » soulignaient la nécessité d'une France unifiée et centralisée, résistant aux forces centrifuges de la contre-révolution et du fédéralisme. Dans ce contexte, le fédéralisme des départements fut définitivement associé à une tentative de désagrégation de l'État et de l'unité de la Révolution.

Vient alors la troisième voie qui l'emporta sur le découpage territorial, l'approche provincialiste. L'idée est simple : repartir des provinces existantes basées sur des frontières connues et pratiquées par les Français, en associant à chaque province un nombre de départements à créer en son sein pour arriver à un équilibre national de 83 départements. Défendue par Mirabeau, c'est cette troisième option qui sera retenue pour « préserver l'homogénéité naturelle des morphologies paysagères, des mœurs, des habitudes, des coutumes, des productions et des langues[1] », comme l'expliquent Matthieu Crozet et Miren Lafourcade dans *La Nouvelle Économie géographique*. Concrètement, les Constituants votèrent d'abord le nombre de départements à obtenir par province, puis chaque groupe de députés, répartis par province, découpa le territoire donné pour atteindre le nombre de départements voulu, avant qu'ils soient

1 Matthieu Crozet et Miren Lafourcade, *op.cit.*, p. 40.

votés une deuxième fois. Les travaux durèrent de septembre à décembre avec une première adoption le 22 décembre 1789, sans les noms et les frontières de la liste définitive, et une deuxième le 15 janvier 1790, dans la liste la plus proche de celle que nous connaissons aujourd'hui. Cette loi abolit les parlements provinciaux, organisa le fonctionnement électoral, détermina les règles d'administration locales et même les conditions d'accès à la citoyenneté. Elle n'a été abrogée qu'en 1982[1] avec le projet de création des nouvelles régions.

Néanmoins, une fois cette décision prise, un nouveau débat a lieu : celui de la toponymisation[2]. Ce débat est annonciateur du futur conflit entre Montagnards et Girondins sur la Révolution à mener prioritairement à l'intérieur ou aux frontières du pays. Robespierre, encore discret et inconnu du grand public, plaide avec la frange la plus centralisatrice des Jacobins pour une éradication toponymique totale[3]. Ce qui sera fait ultérieurement avec le calendrier (pluviôse, ventôse, brumaire) et déjà discuté à la Constituante et au sein du club des Jacobins.

L'éradication toponymique totale et le changement du nom des mois du calendrier à la Révolution française symbolisent la volonté des révolutionnaires de créer un monde nouveau en rupture avec l'Ancien Régime et ses structures. L'éradication toponymique totale implique de renommer des villes, des rues et des places qui portent des noms liés à la royauté, à l'aristocratie ou à l'Église. Par exemple, des noms royaux ou religieux sont remplacés par des noms célébrant des valeurs révolutionnaires ou des héros de la Révolution. Ce processus vise à supprimer les symboles de l'ancienne oppression

1 Loi n° 82-213 du 2 mars 1982, relative aux droits et libertés des communes, des départements et des régions, article 58.

2 Frédéric Giraut et Myriam Houssay-Holzschuch (dir.), « Au nom des territoires ! », *L'Espace géographie,* 2008/2 (vol. 37), p. 97-105.

3 Xavier Maréchaux, « République et "laïcité" : le nom révolutionnaire des communes de France sous le Consulat et l'Empire (et au-delà), essai de recensement et d'interprétation », *Napoleonica. La Revue,* n° 25, 2016/1, p. 94-122.

et à réorienter la conscience collective vers les idéaux de la République, de la liberté et de l'égalité. Le calendrier républicain, introduit en 1793, remplace le calendrier grégorien pour instituer une temporalité nouvelle. Les noms des mois sont inspirés de la nature et des saisons (par exemple « germinal » pour le mois des semences), reflétant une philosophie naturaliste et laïque. Ce calendrier marque une rupture avec le calendrier chrétien, réaffirmant la laïcité et le rationalisme des Lumières, et instaure un ordre temporel en harmonie avec la nature. En transformant les toponymes et le calendrier, les révolutionnaires expriment leur désir de refonder la société sur des bases nouvelles, en rejetant les influences du passé et en promouvant une identité nationale unifiée et séculière. Ces changements symbolisent l'avènement d'un « temps nouveau » et d'un « espace nouveau », où chaque aspect de la vie quotidienne serait aligné avec les principes de la Révolution.

Les listes de départements que nous évoquions plus haut ne sont pas des dénominations au hasard. La France administrative de 1789 est typique du processus de « toponymisation » engagé par la Révolution. La création des départements et l'abolition de toutes les couches administratives précédentes offrent un cadre d'action idéal pour un pouvoir central[1]. Si les futurs Montagnards ont perdu la bataille de l'utilitarisme au profit du provincialisme, ils s'apprêtent à en remporter une autre : le choix d'une toponymie départementale « neutre », exclusivement basée sur la géomorphologie et l'hydrographie.

Ainsi disparaissent les noms des pays et des terroirs. Le but est que chaque département ne prenne son sens que dans l'appartenance au puzzle du territoire national. Par exemple, l'usage des « Haut » et « Bas » crée des relations d'interdépendance et de hiérarchie. Il n'y a un Haut-Rhin que parce qu'il y a un Bas-Rhin. Sur les 83 départements, 16 utilisent

1 Marie-Vic Ozouf-Marignier, *La Formation des départements. La représentation du territoire français à la fin du XVIIIe siècle*, Les Éditions de l'EHESS, Paris, 1989.

les appellations « Haut » et « Bas », ou « Supérieure » et « Inférieure », et 6 autres sont la conjonction de deux rivières souvent à l'opposé du département ou n'ayant aucune valeur culturelle pour le lieu en question, à l'instar de la Saône-et-Loire. Ces deux fleuves sont séparés de 100 kilomètres l'un de l'autre au sein du même département et irriguent des vallées et des pays n'ayant aucun point commun : la Loire ne traverse qu'un tout petit bout du département à son extrémité occidentale et la Saône lui sert de frontière orientale. Autant dire que 90 % des habitant·es de Saône-et-Loire ne voient jamais ni la Saône ni la Loire.

Cependant, cette éradication toponymique qui se voulait totale n'a pas touché les communes qui gardèrent leurs noms millénaires, souvent inspirés des paroisses. D'un point de vue pratique, ces noms étaient profondément enracinés dans la culture locale et la vie quotidienne des habitant·es, et les changer aurait provoqué une confusion importante. De plus, une telle entreprise aurait nécessité une énorme révision administrative des registres, cartes et documents officiels, représentant un coût considérable. Symboliquement, les révolutionnaires reconnaissaient ainsi l'importance des structures locales et de la continuité géographique. En conservant les noms des communes, ils pouvaient montrer un respect pour les traditions locales tout en promouvant les idéaux révolutionnaires à un niveau plus large. En fin de compte, maintenir les noms des communes permettait un équilibre entre la rupture avec le passé et la continuité nécessaire pour la stabilité sociale, tout en concentrant les changements sur les éléments les plus symboliquement puissants de l'espace public.

Les pays et les terroirs ont finalement résisté à cette uniformisation administrative imposée par le haut. Plus de deux siècles plus tard, sans avoir retrouvé d'échelons administratifs du même nom, la Bresse, la Gâtine, le Bugey, le Perche et la Dombes continuent d'être des vocables largement utilisés. Contrairement aux divisions administratives, ces noms de terroirs reflètent une réalité géographique, historique et économique propre à chaque région, enracinée dans des siècles de traditions et de pratiques agricoles spécifiques. Leur usage persistant, plus de deux siècles après les réformes révolutionnaires, témoigne de l'attachement des habitant·es à leur patrimoine local et à une identité collective distincte. En somme, la résilience des noms de terroirs réside dans leur capacité à incarner une dimension vivante et authentique de la culture locale, indissociable de l'histoire et de l'identité des communautés qui les habitent.

LA FÊTE DE LA FÉDÉRATION, OU L'UNITÉ DES 1 000 PAYS DE FRANCE

La gauche révolutionnaire fut certes divisée sur le sujet des appartenances locales comme nous venons de le voir, mais elle fut aussi promotrice, dans son ensemble, d'un événement d'un autre ordre qui a profondément marqué les contemporains de la Révolution, mais dont l'héritage est tristement faible : la fête de la Fédération. Il est difficile d'imaginer la charge émotionnelle et l'intensité hors norme de ce qu'elle a pu représenter quand elle s'est tenue à Paris, le 14 juillet 1790. La confusion avec le projet fédéraliste des Girondins serait facile à faire, pourtant il s'agit en réalité de la Fédération des gardes nationaux. Organisée par des Patriotes, elle consacre le rôle central de la Garde nationale dans la Révolution, mais aussi l'équivalence du roi avec la nation et la loi. C'est d'ailleurs cette nouvelle trinité qui est célébrée tout au long de la journée, mise en musique avec la diversité des terroirs et des départements français, valorisés dans un élan unitaire, une symbiose unique et jamais reproduite à ce niveau-là. La fête de la Fédération est d'autant plus intéressante que son émergence et sa réalisation proviennent spécifiquement des campagnes et des petites villes, et que son élan fut tel qu'il parvint jusqu'à Paris dans une grand-messe à laquelle 700 000 Français ont participé.

L'historien Micah Alpaugh[1] a exploré en détail comment les émotions collectives ont contribué à la mobilisation populaire lors du « mouvement des fédérations », qui déboucha sur cette fête de la Fédération. Initialement, les fédérations étaient de petits rassemblements locaux visant à soutenir les gardes nationaux, notamment dans la région de la Loire, à l'été 1789. Rapidement, ces rassemblements ont pris de l'ampleur, s'étendant à des communautés et des régions entières, attirant des dizaines, puis des centaines de milliers de participant·es à travers la France. Les festivités fédératives étaient caractérisées par une intense ferveur émotionnelle, générée par la musique, les salves de canon, et les serments à la Révolution et à la future Constitution. Ces événements ont créé un nouvel esprit révolutionnaire de fraternité et de solidarité, attirant de plus en plus de participant·es. Les récits de l'époque, diffusés par des brochures, des journaux et la correspondance, ont largement contribué à la popularisation des fédérations. Les descriptions détaillées des émotions collectives et des rituels ont inspiré de nouvelles cérémonies et renforcé le sentiment d'unité révolutionnaire.

Le 14 juillet 1790, sur le Champ-de-Mars, à Paris, des délégations venues de toute la France, de la Normandie aux Pyrénées, de la Bretagne à la Provence, convergèrent pour célébrer l'esprit de la Révolution. Ces représentant·es, issu·es de chaque département et de chaque terroir, apportaient les couleurs, les traditions et les particularités de leurs régions, enrichissant ainsi cette fête nationale d'une mosaïque culturelle unique. Les préparatifs de la fête, marqués par une mobilisation populaire sans précédent, symbolisaient déjà cette unité en devenir.

1 Micah Alpaugh, « Les émotions collectives et le mouvement des fédérations (1789-1790) », *Annales historiques de la Révolution française*, 2013/2 (n° 372), p. 49-80.

Des milliers de Parisien·nes, de toutes conditions sociales, travaillèrent ensemble pour transformer le Champ-de-Mars en un immense théâtre de la fraternité. Des pavillons ornés des emblèmes des départements furent érigés, des arcs de triomphe dressés et une estrade monumentale construite pour accueillir les cérémonies. Les chants, les danses et les bannières colorées témoignaient de l'engagement et de l'enthousiasme de chacun·e pour cette grande cause commune. Le 14 juillet, le Champ-de-Mars résonna des clameurs joyeuses et des acclamations des milliers de participant·es venu·es célébrer cette journée historique. Au milieu des acclamations, le roi Louis XVI prêta serment à la Constitution, promettant de protéger les droits du peuple et de soutenir les réformes révolutionnaires. Ce geste symbolique marqua un moment de réconciliation et d'unité entre la monarchie constitutionnelle et les aspirations républicaines du peuple. Chaque délégation départementale apporta avec elle les richesses et les traditions de son terroir, illustrant la diversité culturelle de la France. Les Bretons en costumes traditionnels, les Provençaux avec leurs chants et danses folkloriques, les Alsaciens et leurs coutumes germaniques, tous contribuaient à une célébration qui transcenda les différences régionales pour se fondre dans un même élan patriotique.

Les discours prononcés ce jour-là, empreints de ferveur républicaine, célébraient la fraternité et l'unité nationale. Ils rappelaient que, malgré les diversités linguistiques, culturelles et géographiques, chaque Français·e partageait désormais un destin commun sous les auspices de la Révolution. Les bals populaires, les banquets partagés et les jeux collectifs tissèrent des liens nouveaux entre des hommes et des femmes autrefois divisé·es par les particularismes locaux. Cette symphonie de fraternité résonna comme la promesse d'un avenir où les différences seraient non pas des obstacles, mais des richesses à partager.

La fête de la Fédération de 1790 laissa un héritage indélébile dans l'histoire de France. Elle symbolisa le triomphe de l'unité nationale sur les divisions régionales et sociales. Elle rappela que la force de la nation résidait dans la diversité de ses terroirs et de ses départements, unis par un même idéal de liberté, d'égalité et de fraternité. Aujourd'hui encore, cet événement résonne comme un modèle d'intégration et de cohésion nationale. Il nous rappelle que l'unité ne se construit pas en niant les différences, mais en les célébrant et en les intégrant dans un projet commun.

LES JACOBINISMES NE SONT PAS TOUS CENTRALISATEURS

L'ambiguïté entre une révolution jacobine centralisatrice d'une part et patriote fédératrice d'autre part a traversé les siècles. Les futurs Montagnards de la Constituante défendent finalement une nation qui apparaît comme abstraite au grand nombre. En opposition, la Fédération est parvenue à valoriser les communautés sensibles, les identités concrètes, pour qui « appartenir aux lieux autant qu'ils nous appartiennent » est source d'un sens profond, comme l'écrit le Comité invisible[1], qui ajoute : « Ce qu'il y a dans la vie, ce sont des attachements, des agencements, des êtres situés qui se meuvent dans tout un ensemble de liens[2]. » Ce collectif défend des idées révolutionnaires, post-capitalistes visant à créer des formes d'organisation sociale alternatives et autogérées. Sa critique de l'aliénation capitaliste et de la bureaucratie étatique, ainsi que son appel à la révolte et à l'auto-organisation, alignent ses idées avec celles des mouvements anarchistes et autonomistes de gauche.

On assiste avant l'heure de la mondialisation à une résistance face à cette nouvelle anthropologie individualiste qui

1 Comité invisible, *Maintenant*, La Fabrique, Paris, 2017.

2 *Ibid.*

invente la vision d'un sujet libre et dépourvu de tout attachement, et finalement amputé du monde. Dès la Révolution, une partie de la gauche a bien compris qu'il n'y a « d'authenticité que dans la proximité avec un environnement, de vérité que dans les affects[1] », et qu'enfin « la désaffiliation de toute appartenance[2] » est peut-être bien « d'ailleurs la base des maladies qu'on dit de civilisation[3] ». Le mouvement des fédérations montra aussi que les révolutionnaires dans leur ensemble s'opposaient à l'effacement des différences régionales et au citoyen abstrait dépouillé de son histoire singulière, de ses attaches, de ses racines. Si les Jacobins les plus radicaux prétendaient incarner la modernité, alors celle-ci allait être rejetée par les habitant·es des terroirs pour qui « le sens charnel de l'appartenance à une terre s'affirmait comme le garant d'une vérité humaine, liée à la mémoire, porteuse de valeurs ancestrales, sensible et vibrante[4] ».

Nos petites patries[5] de l'historien Olivier Grenouilleau est une analyse approfondie des relations entre les identités régionales et l'État central en France, depuis les périodes anciennes jusqu'à nos jours. L'auteur y retrace l'histoire des identités régionales, remontant à l'époque gallo-romaine où les premières divisions territoriales, appelées « pagi », ont émergé. Ces unités étaient basées sur des distances parcourables en une journée à cheval. Le livre examine comment l'État français a tenté de centraliser et de contrôler ces identités régionales à travers différentes périodes, notamment avec la création des départements en 1789 par les révolutionnaires,

1 Jean-Luc Chappey, « *Constellations* : Radicalités irrationnelles. Des jeunes révolutionnaires aux anciens réactionnaires », *Agone*, 2017/2 (n° 61), p. 15-40.

2 Evelyne Pieiller, « Le terroir ne ment pas. De gauche à droite, célébrations de l'identité », *Le Monde diplomatique*, juin 2018.

3 Collectif Mauvaise troupe, *Constellations*, *op. cit.*

4 Evelyne Pieiller, *op. cit.*

5 Olivier Grenouilleau, *Nos petites patries. Identités régionales et État central, en France, des origines à nos jours*, Gallimard, Paris, 2019.

qui visaient à renforcer l'unité nationale en imposant un cadre administratif uniforme.

Le XXe siècle voit une renaissance des identités régionales, particulièrement marquée après les deux guerres mondiales. Des efforts sont faits pour redécouper le territoire en régions fonctionnelles, en réponse à la fois à des considérations économiques et culturelles. La création de la Fédération régionaliste de France et les réformes administratives de 1919 sont des moments clés de cette période. Le régime de Vichy a, paradoxalement, promu un certain régionalisme en valorisant les traditions locales, mais dans un cadre autoritaire et centralisé. Après la Seconde Guerre mondiale, le régionalisme renaît sous des formes plus démocratiques et économiques, culminant dans les lois de décentralisation de 1982, qui accordent plus d'autonomie aux régions. Aujourd'hui, les identités régionales continuent de se transformer sous l'influence des politiques de l'État, des contraintes économiques et des dynamiques européennes.

Grenouilleau souligne les enjeux actuels tels que l'imbroglio administratif, les tensions financières entre l'État et les collectivités locales et le renouvellement des élites locales. Grenouilleau utilise une approche multidisciplinaire, combinant histoire, sociologie, géographie et psychologie, pour analyser la complexité des identités régionales et leurs interactions avec l'État central. Il propose à la fois une synthèse historique et des pistes de réflexion pour comprendre les dynamiques contemporaines des identités régionales en France. *Nos petites patries* est une œuvre essentielle pour comprendre les enjeux des identités régionales en France. Elle montre que ces identités ne sont pas des vestiges du passé, mais des constructions évolutives, influencées par des politiques et des contextes variés, continuant à jouer un rôle crucial dans la formation de l'identité nationale.

1848 : LE PATRIOTISME DE GAUCHE DANS TOUTE L'EUROPE

C'est en 1848 que ce patriotisme de gauche dont nous venons de parler vit dans toute l'Europe le moment le plus glorieux de son histoire. Entre février et juillet 1848, ce qui fut baptisé a posteriori le « Printemps des peuples » provoque un séisme sur tout le continent : en Sicile, à Milan, à Paris, à Berlin, en Galicie, à Vienne, à Budapest, à Bucarest, en Pologne, au Danemark, à Neuchâtel et même en Irlande (il n'y a que la péninsule Ibérique et la Russie qui soient épargnées par cette vague populaire et romantique). Le Printemps des peuples de 1848 fut une série de révolutions et de soulèvements qui éclatèrent à travers l'Europe, marquant une période de profonde agitation politique et sociale. Débutant en France avec la révolution de Février, qui renversa la monarchie de Louis-Philippe et instaura la IIe République, le mouvement se propagea rapidement à d'autres pays européens, dont la Confédération germanique, l'Empire d'Autriche, le royaume de Hongrie. Les revendications des révoltés variaient mais incluaient des appels à la démocratie, à des réformes libérales, à l'indépendance nationale et à l'amélioration des conditions de vie des travailleurs. Bien que la plupart des révolutions de 1848 aient été réprimées ou aient échoué à instaurer des changements durables, elles laissèrent une empreinte significative sur le paysage politique européen, en semant les graines des futurs mouvements démocratiques et nationalistes, et en exposant les faiblesses des régimes conservateurs de l'époque.

Cette année-là, Marx, de passage à Paris où il assiste à la révolution de Février, publie le *Manifeste du Parti communiste* sur lequel il travaille depuis 15 mois. Le texte est d'ailleurs publié une première fois de manière anonyme dans une sorte de brouillon intitulé *Profession de foi. Principes du communisme*, et distribué dans le contexte du mouvement révolutionnaire qui fait suite à l'interdiction d'un banquet républicain le 22 février 1848. C'est incontestable, et les socialistes de toute l'Europe le savent, le moteur du mouvement révolutionnaire en 1848, c'est le patriotisme. La notion de patrie, issue du parti d'extrême gauche à la Révolution de 1789, inverse la source de la prospérité : pour la classe ouvrière, la patrie est un idéal d'émancipation. De la verticalité allant de Dieu au roi, son lieutenant, jusqu'à ses sujets, la patrie inverse la pyramide en partant de la terre et ses produits. Ainsi, les citoyens et les citoyennes, au lieu d'être fidèles à une dynastie, deviennent fidèles à une langue, une culture, une histoire et des traditions locales venant de la base. C'est ce que vont très bien comprendre les intellectuel·les socialistes et marxistes[1] du XIXe siècle, qui ne cesseront de narrer une histoire de l'héroïsme des classes populaires dans les révolutions ayant permis les républiques[2]. À cela s'ajoute qu'aucune autre république que la France ne viendra proposer un cadre national libéré de la définition ethno-raciale de la nation.

Mais revenons à la révolution de février 1848. Le 24 février, le peuple parisien, mécontent de la monarchie de Juillet et des inégalités sociales, se soulève contre le roi Louis-Philippe. Les foules sont réunies, les barricades se dressent, les combats éclatent, et le régime monarchique s'effondre, cédant la place à la IIe République. Dans cette effervescence révolutionnaire, le choix des symboles est crucial. François-René de Chateaubriand, l'un des plus grands écrivains et penseurs de son temps, prend la parole sur la place de la Nation pour défendre le drapeau tricolore, symbole de la République française depuis la Révolution de 1789. Pourtant, en 1848, certains révolutionnaires radicaux veulent imposer un nouveau symbole, le drapeau rouge, qui représente la lutte des classes et le socialisme naissant. D'une voix claire, marquée par l'émotion, Chateaubriand commence son discours : « Citoyens, frères, enfants de la Révolution, nous

1 Eric Hobsbawm et Terence Ranger (dir.), *L'Invention de la tradition*, Amsterdam, Paris, 2006.

2 Wilhelm Zimmermann, *Allgemeine Geschichte des großen deutschen Bauernkrieges*, Stuttgart, 1841-1843.

voici réunis en un moment historique, où l'avenir de notre nation se joue dans le choix de nos symboles. Le drapeau tricolore, ce bleu, blanc, rouge, n'est pas un simple tissu, c'est l'âme de la France, c'est le témoignage de nos combats, de nos victoires et de nos espoirs. » Il convoque les heures glorieuses de la Révolution française : « Ce drapeau a vu tomber des milliers de nos frères, il a flotté sur les bastilles renversées et les têtes couronnées. Il porte les couleurs de notre histoire, le bleu de nos cieux, le blanc de nos idéaux, le rouge de notre sang versé pour la liberté. » Chateaubriand exhorte la foule à ne pas renier ce symbole, à ne pas le remplacer par un autre, moins fédérateur, moins ancré dans l'histoire collective : « Le drapeau rouge, mes amis, divise là où le tricolore unit. Il est le symbole d'une faction, alors que notre tricolore est celui de la nation entière. Gardons-le comme le signe de notre unité, de notre volonté commune de construire une France libre et fraternelle. »

Son discours, empreint de passion et de patriotisme, résonne profondément parmi les spectateurs. Des applaudissements éclatent, des cris de soutien fusent, et bientôt *La Marseillaise* s'élève, entonnée par des milliers de voix. Le drapeau tricolore est brandi fièrement, et la volonté de maintenir ce symbole comme l'étendard de la République se renforce parmi les révolutionnaires. C'est un moment clé où l'histoire et l'éloquence se rencontrent pour défendre un symbole national.

DE JEAN JAURÈS À GILLES DELEUZE

JAURÈS, L'INTERNATIONALE ET LA PATRIE

À cause de l'échec des révolutions de 1848, à l'exception de la France, il n'existera pas d'autres pays où l'on pourra tracer un trait logique entre république et socialisme. Jaurès va profondément investir le lien entre les deux et tenter de faire apparaître aux yeux du monde la généalogie entre république et société sans classes. Parmi les contradictions avec lesquelles il doit composer, Jaurès cherche un équilibre entre l'internationalisme et le patriotisme croissant à la veille de la Première Guerre mondiale.

En 1910, Jaurès a cette formule aussi claire que puissante : « Un peu d'internationalisme éloigne de la patrie ; beaucoup d'internationalisme y ramène. Un peu de patriotisme éloigne de l'Internationale ; beaucoup de patriotisme y ramène. » Selon moi, Jaurès propose ici une forme de biomimétisme provenant de l'observation des arbres. De fait, les proportions de croissance des racines et des branches dépendent l'une de l'autre. Ainsi, l'enracinement dans une histoire, une terre, une identité, une famille est en interaction permanente avec la capacité à s'ouvrir, s'élargir, se nourrir d'ailleurs et s'épanouir. Pour ne pas tomber aux premiers vents ni s'effondrer sur lui-même en pourrissant sur sa souche, un arbre a besoin d'un solide ancrage dans la terre et d'une grande ouverture sur le ciel. Ce que Jaurès veut dire, c'est qu'un internationalisme mal compris se fait au mépris des patries qui le composent, autant qu'un patriotisme mal compris se fait au mépris de l'Internationale ouvrière. Cette dialectique fondamentale entre les deux extrémités de nos identités est la dynamique salvatrice qui fait de nos différentes couches d'appartenance des identités vivantes. Jaurès a grandi entre le Castrais et le Lauragais, les terroirs sur le flanc nord de la Montagne noire[1], entre les différents affluents de la Garonne. Il aime la région de son enfance, il est attaché à son territoire. Il en parle comme d'« un fonds indivisible d'impressions, d'images, de souvenirs, d'émotions ».

Il est malheureusement simple pour un esprit malhonnête de faire passer Jean Jaurès pour un nationaliste, en isolant des citations de leur contexte. Une affiche du Front national affirmait même que Jaurès « voterait Front national ». Pourtant, Jaurès avait clairement dénoncé le « chauvinisme imbécile et bas » de ces « misérables patriotes » qui ont besoin de préférer la France pour l'aimer et la servir. Jaurès a critiqué fermement l'antisémitisme et le nationalisme qui tentaient de détourner une partie du prolétariat des idées du socialisme et de la patrie, pour servir des fins réactionnaires. Jean Jaurès aimait la France sans chauvinisme, sans rabaisser les autres pays ou régions. Son attachement était lié à l'histoire et aux idées qui ont façonné la nation, notamment la Révolution française. Pour Jaurès, la France représentait la patrie de la république sociale, qui devait maintenant donner aux citoyen·nes le pouvoir et l'autonomie dans l'ordre économique. Il croyait également que les individus partageant une même époque et un même lieu étaient unis par des liens sociaux particuliers, formant ainsi une conscience collective.

Jaurès voyait la nation comme essentielle à la socialisation et à l'élaboration politique des individus, il rejetait l'idée d'une révolution mondiale imposée sans avoir été préparée localement. Pour lui, la patrie n'était pas une fin en soi mais un moyen de promouvoir la liberté et la justice, elle devait rester légitime en garantissant les droits individuels. Si jamais une idée supérieure de liberté et de justice apparaissait en dehors de celle de patrie, cette dernière perdrait sa légitimité. Jaurès

1 Massif le plus méridional du Massif central, situé à la frontière entre l'Aude et le Tarn.

défendait l'idée de nations autonomes et égales, une nécessité pour éviter l'asservissement. Il croyait en une fédération internationale qui permettrait aux nations de coopérer tout en respectant leur autonomie et leurs particularités culturelles. Pour Jaurès, l'individualisme et le collectivisme ne s'opposent pas, car le vrai collectivisme repose sur des relations librement construites entre des individus autonomes. De même, le patriotisme et l'internationalisme ne sont pas contradictoires, car ce dernier implique des relations de droit et de respect entre nations autonomes et fortes dans leur identité. Finalement, pour lui, l'indépendance des nations garantit l'internationalisme, et le véritable patriotisme ramène à l'internationalisme. Une forme de patriotisme qui impliquait également la défense de la patrie contre les ennemis extérieurs et intérieurs. Il croyait en une armée défensive et populaire tout en insistant sur la nécessité de libérer la nation des « maquignons de la patrie, des castes du militarisme et des bandes de la finance ». Jean Jaurès aimait profondément son pays, mais rejetait le chauvinisme et le nationalisme étroit : son patriotisme était enraciné dans des convictions de solidarité et de respect des droits individuels.

LA RÉPUBLIQUE, UNE ET INDIVISIBLE ?

« La République est une et indivisible » : qui n'a pas déjà entendu cette phrase dans le débat public ? Brève devise nationale révolutionnaire de 1793, et affirmation bien présente dans les Constitutions françaises de 1792, 1795, 1799 et 1848, la notion disparaît totalement par la suite, notamment sous la IIIe République, pour réapparaître aux articles premiers de la Constitution de 1946 puis de celle de 1958, qui proclame : « La France est une République indivisible, laïque, démocratique et sociale. » Pourquoi cette modification progressive et cette disparition de l'adjectif « une » ?

Michel Verpeaux, professeur de droit public à l'université Panthéon-Sorbonne, explique que « l'affirmation de l'indivisibilité de la République est très ancienne dans l'histoire constitutionnelle et politique française, comme en témoigne le décret de la Convention nationale du 22 septembre 1792 qui abolit la royauté lors de sa première séance, et qui proclama dès le 25 septembre 1792 à la fois l'unité et l'indivisibilité de la République française, afin de lutter contre les ennemis de la Révolution, accusés d'un fédéralisme qui menaçait l'unité du nouveau pouvoir révolutionnaire[1] ». Mais l'adjectif « une » ne dit pas simplement l'unité, il dit aussi l'unicité, ou parfois même dans l'application jacobine, l'uniformité.

En gardant dans les Constitutions de 1946 et 1958 la notion d'indivisibilité sans y ajouter celle d'unicité, les constituants font le choix de promouvoir une république unie dans la diversité, à la fois inséparable et plurielle. L'unité réaffirmée dans la notion d'indivisibilité concerne tout à la fois le peuple français et la souveraineté nationale. Le peuple n'est pas segmentable en portions, sous-peuples, communautés ou ethnies, et à ce titre la France a retiré l'article 27 du Pacte international relatif aux droits civils et politiques établissant la reconnaissance des minorités[2]. Les critiques dirigées contre ce qui était considéré comme une conception archaïque et dépassée de la nation française n'ont pas manqué. Toutefois, cette analyse correspond à une vision historique de cette nation et à un refus de s'engager dans un chemin, jugé dangereux, de la reconnaissance de groupes d'individus liés entre eux par des intérêts divers, communautés ou ethnies[3].

1 Michel Verpeaux, « L'unité et la diversité dans la République », *Les Nouveaux Cahiers du Conseil constitutionnel*, n° 42, janvier 2014.

2 Article 27 du Pacte international relatif aux droits civils et politiques : « Dans les États où il existe des minorités ethniques, religieuses ou linguistiques, les personnes appartenant à ces minorités ne peuvent être privées du droit d'avoir, en commun avec les autres membres de leur groupe, leur propre vie culturelle, de professer et de pratiquer leur propre religion, ou d'employer leur propre langue. »

3 Michel Verpeaux, *op. cit.*

De même, les collectivités territoriales disposent de pouvoirs qui leur sont transférés par la loi organique : elles ne disposent pas d'une part de la souveraineté, mais sont dépositaires provisoires du pouvoir qui leur est confié par le peuple français, sur des compétences bien précises. En revanche, si le terme de « une » a disparu des Constitutions de 1946 et 1958, c'est aussi pour reconnaître deux pluralismes propres à l'évolution des IVe et Ve Républiques en miroir des précédentes : d'abord l'existence d'un droit local en Corse ou en Alsace, sur la laïcité par exemple, qui ouvrira plus tard la voie à la reconnaissance des langues régionales consacrées désormais par l'article 75-1 de la Constitution, depuis la révision constitutionnelle de 2008 ; ensuite les populations d'outre-mer avec leurs cultures propres et leurs spécificités géographiques.

Des voix plus récentes considèrent aussi que la valorisation de cette diversité s'inscrit à la fois dans l'intégration à l'Union européenne (1957 puis 1992), dont la devise est « Unis dans la diversité », et dans la reconnaissance du pluralisme culturel de fait qui compose la nation française après plusieurs siècles d'hospitalité aux migrant·es et réfugié·es d'Europe, des anciennes colonies ou de pays en guerre. Rappelons que 11 % des Français ont un parent immigré, selon l'Insee : 45 % de ces personnes seraient d'origine européenne (Espagne, Italie, Pologne, Portugal), quand 31 % d'entre elles viendraient du Maghreb (Algérie, Maroc ou Tunisie)[1]. Pas moins de 23 % des Français ont un grand-parent d'origine étrangère, proportion qui monte à 40 % si l'on considère les personnes nées après 2000[2], ce qui fait qu'un tiers des moins de 60 ans ont un grand-parent d'origine étrangère[3]. Ainsi la République n'est

1 Chantal Brutel, « Être né en France d'un parent immigré. Une population diverse reflétant l'histoire des flux migratoires », *Insee Première*, n° 1634, 2017.

2 *Ibid.*

3 La seconde édition de l'enquête statistique « Trajectoires et origines », menée par l'Insee et l'Ined en 2019-2020, montre qu'il existe au sein de la population un lien fréquent mais de plus en plus ténu avec l'immigration.

plus « une » parce qu'elle est plurielle, mais elle reste indivisible donc profondément unie et inséparable d'elle-même.

LE MONDE, SON PAYS, SA FAMILLE

Gilles Deleuze a cette formule assez célèbre : « Être de gauche, c'est d'abord penser le monde, puis son pays, puis ses proches, puis soi ; être de droite, c'est l'inverse. » Pour le philosophe, ces trois niveaux simplifiés de l'appartenance font partie du champ de considération d'un projet politique ancré à gauche. Il propose simplement un ordre hiérarchique entre les trois niveaux pour manifester le refus de l'individualisme et l'existence nécessaire de solidarités, globales d'abord, nationales ensuite, locales enfin. Ce qui peut sembler surprenant aujourd'hui, c'est que l'éclatement de la droite traditionnelle en deux droites, l'une identitaire, l'autre libérale, a totalement changé la perspective sur cette question. Chacun des blocs choisit un échelon de prédilection qu'il semble chérir avec passion en renonçant aux autres. Pour le néolibéralisme, l'individu s'accomplit dans un monde globalisé, sans frontières ni régulations, dépourvu de ses racines et de son histoire. Le travail s'achète, se vend, aux quatre coins de la planète, et les échanges peuvent avoir lieu sans restriction. À l'inverse, pour les identitaires, l'individu s'accomplit dans sa communauté la plus restreinte, dont la nation est devenue l'une des chapelles au même titre que la protection régionale et une vision manipulée du terroir. Face à cela, la gauche a la responsabilité immense, en s'inscrivant dans le sillage de Jaurès, de proposer une pensée verticale, qui fasse le lien entre le plus petit dénominateur commun de la localité et du clocher (celui de l'affiche de François Mitterrand en 1981) et la plus grande appartenance à la famille humaine, d'où proviennent notre dignité, nos droits fondamentaux et notre spécificité au sein du vivant qui est menacé. « L'identité-rhizome », comme l'appelait Gilles Deleuze, décrit justement une identité-relation, pour reprendre la notion de Glissant cette fois, qui est une identité en interaction constante avec l'altérité. Elle ne s'efface pas, elle danse avec les autres identités en préservant sa spécificité et en communiant avec les autres spécificités. Les terroirs français dansent déjà en pratique avec l'identité républicaine et unitaire de la France.

ENRACINEMENT, TRANSMISSION ET RELATIONS

LA VERTICALITÉ DU TERROIR

Quand j'avais 22 ans, j'ai été sidéré en lisant *Les Déshérités*[1], un essai rédigé par François-Xavier Bellamy – devenu en 2024 député européen pour le parti Les Républicains (LR). Dans ce livre qui fait non seulement la critique de la modernité mais aussi de la gauche dans son incapacité à transmettre, il accuse Bourdieu d'être le promoteur d'une culture sociale et politique tournée vers la fin de la transmission. Confondant allègrement transmission des capitaux économiques (structurant les inégalités) et transmission des capitaux culturels et symboliques, et oubliant aussi de distinguer la transmission collective et la transmission familiale – la première permettant de partager avec le plus grand nombre –, Bellamy accuse le relativisme culturel et la gauche d'avoir détruit le lien à l'histoire. Pourtant, de mon point de vue, la gauche transmet une mémoire de notre progrès collectif, de notre avancée vers la justice effective et l'égalité réelle. Les terroirs sont des vecteurs efficaces de la transmission. Nous l'avons vu : le terroir est aussi de gauche, et c'est notamment grâce à lui que nous

1 François-Xavier Bellamy, *Les Déshérités, ou l'urgence de transmettre*, J'ai lu, Paris, 2016.

pouvons continuer à transmettre une conception plurielle et harmonieuse de l'identité et des identités vivantes.

En fait, le terroir propose un double lien, à la fois horizontal et vertical. La verticalité du terroir, c'est celle des générations précédentes et futures, celle du temps passé, celle de la transmission avec nos aïeux, qui renvoie encore à l'idéal de gauche de la patrie – la terre de nos aïeux – et celle de la transmission avec les générations futures auxquelles nous espérons donner la terre en héritage. L'horizontalité du terroir, c'est celle d'une communauté vivante à un endroit à un moment donné.

LA CRÉOLISATION DE LA SOCIÉTÉ

La créolisation de la société, évoquée à de nombreuses reprises pendant la campagne présidentielle en 2022, est déjà à l'œuvre à travers nos terroirs centenaires, parfois millénaires. La première apparition du terme « terroir » date de 1212[1], du latin populaire *terratorium* qui signifiait « de la terre, en provenance de la terre », par opposition à *territorium* « sur la terre », qui faisait référence au découpage humain de la surface de la terre. Le terroir contient une notion de territoire mais il la dépasse, il décrit ce qui en vient. La spécificité de la France à ce sujet est son immense diversité. Des régions entières du monde sont traversées par des unités naturelles dites géantes, c'est-à-dire relativement homogènes sur une surface infinie, comme l'Ukraine, les plaines de Sibérie ou les plaines nord-américaines. On peut notamment relever cette apparente homogénéité à très grande échelle sur une carte européenne des cours d'eau.

On y voit très clairement que des pays entiers, parfois plusieurs pays voisins, ne sont traversés que par un seul bassin hydrographique. La plaine du Danube, par exemple, fait à elle seule deux fois la taille de notre territoire national. En France,

1 Définition de « terroir » dans *Le Trésor de la langue française informatisé* (TLFI).

en revanche, au-delà de nos trois principaux bassins versants (vers le nord dans la Manche, vers l'ouest dans l'Atlantique, et vers le sud dans la Méditerranée), nous avons aussi quantité de fleuves côtiers et de micro-chaînes de montagnes, comme le Massif armoricain (la Bretagne) ou les Ardennes. Cela entraîne une sorte de mosaïque exceptionnelle et sans égale. De cette cartographie provient l'incommensurable diversité des climats, paysages et régions d'un pays comme la France.

La créolisation postule la même idée : elle est un métissage, d'après Édouard Glissant. Elle est à la fois la présence de langues et de cultures diverses interagissant au même endroit et le soubassement universel et humaniste qui soutient leur unité non uniformisée. La créolisation, selon Édouard Glissant, est un processus dynamique et continu de métissage culturel qui transcende la simple addition de diverses influences[1] pour créer quelque chose de nouveau et d'imprévisible. Dans ses œuvres, Glissant explore comment les cultures entrent en contact, se mêlent et se transforment mutuellement, produisant des identités complexes et hybrides. Contrairement à l'assimilation, qui implique souvent la domination d'une culture sur une autre, la créolisation valorise la diversité et l'interaction. Glissant voit la créolisation comme un modèle pour comprendre les sociétés modernes, où les échanges et les influences multiples engendrent une richesse culturelle unique. Ce concept est central dans sa vision de la mondialité, une approche de la globalisation qui embrasse les différences et les interactions culturelles plutôt que de les homogénéiser. Par la créolisation, Glissant propose une manière de penser la diversité culturelle non pas comme une menace, mais comme une source de créativité et de vitalité sociétale.

Le philosophe Francis Wolff (né en 1950) définit l'universalisme comme « la coexistence des cultures car la diversité ne peut exister que sous le chef d'un universel de second

1 Édouard Glissant, *Poétique de la Relation*, *op. cit.*

degré qui les englobe[1] ». Selon Wolff, la véritable diversité culturelle ne peut se manifester pleinement que lorsqu'elle est reconnue et protégée par un principe universel qui transcende les particularismes. Cet universel de second degré n'efface pas les différences culturelles, mais les englobe et les valorise dans un cadre où elles peuvent s'exprimer librement et équitablement. En d'autres termes, Wolff propose que la pluralité des cultures trouve son sens et sa protection dans une notion d'universalisme qui assure l'égalité et le respect mutuel, permettant à chaque culture de prospérer sans se fondre dans une homogénéité oppressive. Cette vision dépasse l'universalisme classique qui pouvait être accusé d'imposer une norme unique, en prônant plutôt une intégration harmonieuse et respectueuse des différences au sein d'un ensemble plus vaste et inclusif.

Édouard Glissant, dans l'une de ses dernières interviews, déclarait au journal *Le Monde* : « L'Europe se créolise. Elle devient un archipel. Elle possède plusieurs langues et littératures très riches, qui s'influencent et s'interpénètrent, tous les étudiants les apprennent, en possèdent plusieurs, et pas seulement l'anglais. Et puis l'Europe abrite plusieurs sortes d'îles régionales, de plus en plus vivantes, de plus en plus présentes au monde, comme l'île catalane, ou basque, ou même bretonne[2]. » En mentionnant les identités régionales françaises, Glissant crée finalement un parallèle entre la diversité culturelle déjà à l'œuvre au sein d'une France républicaine, jacobine et centralisée, et la diversité mondiale qui traverse et transcende les continents. Dans les deux cas, elle est en dialogue avec le commun qui fédère ces différences.

1 Francis Wolff, « Seules les idées universalistes permettent la coexistence des cultures », *Libération*, 25 octobre 2019.

2 Frédéric Joignot, « Pour l'écrivain Édouard Glissant, la créolisation du monde est "irréversible" », *Le Monde*, 3 février 2011.

LA PENSÉE « UBUNTU »

Dans le vaste panorama des philosophies humaines, rares sont celles, pour moi, qui résonnent avec autant de simplicité et de profondeur que la pensée *ubuntu*, incarnée par Nelson Mandela. *Ubuntu*, un mot issu des langues bantoues d'Afrique australe, se traduit littéralement par « humanité », mais sa portée va bien au-delà des simples définitions linguistiques. En son essence, *ubuntu* signifie « je suis parce que nous sommes » : une philosophie de vie qui valorise l'interdépendance, la solidarité et l'unité des êtres humains. Nelson Mandela, géant parmi les géants, a tissé cette philosophie dans la trame même de sa vie et de son combat pour la justice. Pour Mandela, *ubuntu* n'était pas une simple idée abstraite, mais une réalité tangible, une manière de vivre et de gouverner. Il y voyait le cœur battant de l'humanité, une force capable de transcender les divisions et de forger une société plus juste et plus harmonieuse. Mandela a souvent évoqué *ubuntu* pour rappeler à chacun et chacune l'importance de la communauté et de la fraternité. Il croyait que notre humanité individuelle était intimement liée à celle des autres, que notre bonheur personnel était indissociable de celui de la communauté. « Un homme avec *ubuntu*, disait-il, est ouvert et disponible aux autres, affirmant les autres, ne se sentant pas menacé par le fait que les autres sont capables et bons, car il a une assurance qui vient du fait qu'il se sait appartenir à un tout plus grand. »

La France, avec sa mosaïque de terroirs et d'identités régionales, semble être un terreau fertile pour l'implantation de la philosophie *ubuntu*. Cette terre, riche de ses cultures locales, de ses langues régionales et de ses traditions, pourrait grandement bénéficier de l'esprit d'*ubuntu* pour renforcer son tissu social et cultiver l'harmonie dans la diversité. Il pourrait être appliqué pour valoriser et célébrer les différences régionales tout en renforçant le sentiment d'appartenance à la nation française. Comme Mandela l'a fait en

Afrique du Sud, où il a travaillé sans relâche pour unir une nation fracturée par l'apartheid, la France pourrait l'utiliser pour harmoniser les relations entre ses diverses régions. Les terroirs français, avec leurs spécificités culturelles, culinaires et linguistiques, deviendraient alors des maillons d'une chaîne inébranlable, chaque région contribuant à la richesse et à la beauté de l'ensemble.

L'intégration de la philosophie *ubuntu* dans le système éducatif français pourrait également jouer un rôle crucial. En enseignant aux jeunes générations l'importance de l'humanité partagée et de l'interdépendance, la France pourrait cultiver une société plus empathique et plus inclusive. Les écoles pourraient devenir des lieux où les enfants apprennent non seulement les matières académiques, mais aussi l'art de vivre ensemble, le respect de l'autre et la coopération. Enfin, l'esprit d'*ubuntu* pourrait guider les efforts de réconciliation et de justice sociale en France – à l'instar de Mandela, qui a prôné le pardon et la compréhension pour guérir les blessures de l'apartheid. La pensée de Nelson Mandela, avec sa profonde humanité et sa sagesse intemporelle, offre à la France une voie précieuse pour naviguer dans la complexité de sa diversité. En adoptant cette philosophie, la France pourrait non seulement honorer la richesse de ses terroirs et de ses identités, mais aussi renforcer son unité nationale, promouvoir la solidarité et avancer vers une justice sociale authentique. C'est en embrassant l'esprit d'*ubuntu* que la France pourra véritablement devenir « unie dans la diversité », une nation où chaque individu, chaque région, chaque culture est à la fois unique et indispensable au tout.

UNITÉ ET DIVERSITÉ, NATION ET TERROIRS

En choisissant pour devise « Unis dans la diversité », l'Union européenne a adopté une devise qui aurait pu être celle de la France – bien que l'histoire de France, en pratique, soit plus uniforme dans sa conception de la nation[1]. Le premier siècle de la IIIe République a été celui d'une vive bataille entre la droite nationaliste et la gauche républicaine pour que la deuxième reprenne à son compte la valorisation des identités régionales dans une appartenance nationale. Les travaux de chercheur·es comme Anne-Marie Thiesse[2] et Jean-François Chanet montrent que, contrairement à l'idée d'une imposition brutale de l'identité nationale, l'éducation a souvent valorisé les identités régionales comme une première étape vers l'intégration nationale. Les programmes scolaires attribuaient une double appartenance identitaire (locale et nationale) aux élèves, utilisant des outils comme les cartes et les symboles régionaux pour illustrer cette complémentarité. Après la Première Guerre mondiale, et malgré les contestations, le discours sur les « petites patries » atteint son apogée, souvent récupéré par le régime de Vichy pour promouvoir un provincialisme conservateur. La période après la Seconde Guerre mondiale voit la réintégration de ce discours dans un cadre plus large de patrimoine culturel, malgré les résistances et les adaptations nécessaires. La reconnaissance des langues et traditions régionales reste limitée, souvent subordonnée à la nécessité de renforcer l'unité nationale.

Le discours sur les « petites patries » est parfois utilisé pour masquer ou intégrer les revendications identitaires subnationales. Des mouvements régionalistes s'approprient ce discours pour promouvoir la reconnaissance des identités régionales, menant à des réformes comme la loi Deixonne de 1951, qui permet l'enseignement de langues régionales. Les années 1960 marquent un déclin du discours sur les « petites patries » avec la modernisation et l'urbanisation de la société française. L'école primaire n'est plus centrée sur l'identité locale, mais s'oriente vers une culture plus générale et moderne.

1 Olivier Grenouilleau, *Nos petites patries, op. cit.*

2 Anne-Marie Thiesse, *La Création des identités nationales. Europe, XVIIIe-XXe siècle*, Seuil, Paris, 1999.

Dans les années 1970, la notion de « patrimoines culturels » remplace celle des « petites patries », répondant aux nouvelles aspirations identitaires et aux exigences de démocratisation culturelle. En somme, on ne peut que constater la flexibilité et la longévité du discours sur les « petites patries » dans l'éducation française, tout en reconnaissant ses adaptations aux contextes politiques et sociaux changeants. Ce discours a servi à la fois l'intégration nationale et la reconnaissance des diversités culturelles locales, bien que souvent limité par les priorités politiques de l'État central.

LA THÉORIE DES CLIMATS

Une pensée de gauche des terroirs peut s'inscrire dans la grande généalogie de la théorie des climats. Cette philosophie apparue dans l'Antiquité théorise depuis plus de 2 000 ans le lien entre les sociétés et leur environnement dit naturel.

La théorie des climats est une idée qui explore l'influence du climat sur les sociétés humaines, les cultures et les comportements individuels. Des idées préliminaires sur l'influence du climat peuvent cependant être trouvées dans les écrits d'Hippocrate et d'Aristote, qui pensaient que les conditions environnementales pouvaient affecter la santé et le caractère des individus. Ibn Khaldoun, philosophe et historien musulman médiéval, a discuté des effets du climat sur les différentes civilisations dans son œuvre *Muqaddima* (1377). Il soutenait que les climats tempérés favorisaient des sociétés plus dynamiques et civilisées.

C'est cependant Montesquieu qui a systématisé et popularisé la théorie des climats dans son ouvrage *De l'esprit des lois* (1748). Il y consacre plusieurs chapitres à examiner comment les différents climats influencent les lois, les coutumes et les mœurs des sociétés. Montesquieu soutient que les climats chauds rendent les gens plus passifs et moins entreprenants, tandis que les climats froids favorisent l'énergie et la vigueur.

Il pense que ces différences climatiques influencent le tempérament des populations, et par conséquent les lois et les institutions qu'elles adoptent. Par exemple, selon Montesquieu, les peuples des climats chauds seraient plus enclins à accepter des régimes despotiques, tandis que ceux des climats froids auraient une plus grande tendance à valoriser la liberté et la démocratie. Les conditions climatiques affecteraient également les activités économiques et les modes de vie. Les climats tempérés, propices à l'agriculture et au commerce, favoriseraient le développement économique et social.

La théorie des climats a été critiquée pour son simplisme et son déterminisme. Les critiques soulignent que de nombreux autres facteurs, tels que la culture, l'histoire et les institutions jouent un rôle crucial dans le développement des sociétés. La théorie des climats a parfois même été utilisée pour justifier des préjugés raciaux et des inégalités, en suggérant que certaines populations seraient naturellement inférieures en raison de leur climat d'origine. Malgré les critiques, la théorie des climats a eu une influence significative sur les réflexions géopolitiques et culturelles. Elle a contribué à l'émergence de l'idée que l'environnement physique peut avoir un impact profond sur les sociétés humaines. Aujourd'hui, la relation entre climat et société est étudiée de manière plus complexe et nuancée. Le monde académique examine comment le changement climatique et les variations environnementales affectent les comportements humains, les migrations, les économies et les politiques. Les disciplines modernes, comme la géographie humaine et l'anthropologie, continuent d'explorer les interactions entre environnement et société, mais avec une compréhension plus sophistiquée et moins déterministe que celle de Montesquieu.

LE PERSONNALISME

Le terroir est un bon prétexte pour parler d'identité. Il réveille les passions collectives et locales et s'inscrit dans une forme de régionalisme. L'identité se trouve confrontée aujourd'hui à deux extrémités que la gauche doit dépasser en proposant une troisième voie. Une extrémité capitaliste qui sublime l'individualisme jusque dans son versant égoïste et dominateur. Une extrémité fasciste qui sublime l'identitarisme et l'exclusion de celles et ceux qui n'obéissent pas à une certaine idée figée du « nous ». Pour ne rien retenir à l'individu – comme l'a fait un fascisme prétendument de gauche, le stalinisme – ni ne rien fermer du respect de l'autre – comme l'a fait un universalisme civilisateur prétendument de gauche aussi, le colonialisme –, la pensée qui incarne pour moi le mieux cette ligne de crête subtile, c'est le personnalisme d'Emmanuel Mounier.

Le personnalisme du penseur français Emmanuel Mounier (1905-1950) est une philosophie développée dans les années 1930 qui met l'accent sur la personne humaine comme centre de toute réflexion éthique, politique et sociale. Mounier est le principal porte-parole de ce mouvement, qui vise à réconcilier l'individu et la communauté, en mettant en avant la dignité humaine et la responsabilité sociale. Pour Mounier, la personne humaine est irréductible et doit être au centre de toute réflexion. La personne n'est pas seulement un individu isolé, mais un être en relation, doté d'une dimension spirituelle et transcendantale. Elle possède une dignité intrinsèque qui doit être respectée. Contrairement à l'individualisme, le personnalisme insiste sur l'importance des liens communautaires. La personne se réalise pleinement dans la communauté et par la solidarité avec les autres. La société doit être organisée de manière à permettre cette réalisation commune et individuelle. Mounier critique à la fois le totalitarisme et le capitalisme, qu'il voit comme des systèmes qui aliènent et déshumanisent la personne. Le totalitarisme écrase la liberté individuelle, tandis que le capitalisme réduit les personnes à des moyens de production ou de consommation, ignorant leur dimension spirituelle et sociale. Le personnalisme prône l'engagement actif dans la société : la personne doit prendre part à la vie politique et sociale, non pas pour des intérêts personnels, mais pour contribuer au bien commun. La responsabilité est donc une valeur centrale, chaque personne étant responsable de l'amélioration de la société. Mounier met l'accent sur les valeurs spirituelles et morales : la quête de vérité, de justice et de beauté forme un ensemble d'aspirations fondamentales de la personne. La dimension spirituelle est essentielle pour comprendre la dignité et la vocation de chaque individu.

Le personnalisme a eu une influence notable sur plusieurs mouvements. Il a inspiré des réformes sociales et politiques, particulièrement en France, et les mouvements chrétiens-démocrates en Europe. De plus, le personnalisme a influencé des théologiens et philosophes tels que Jacques Maritain (1882-1973), qui a intégré certaines idées personnalistes dans sa propre pensée. Dans le domaine politique, le personnalisme appelle à une démocratie participative et à des structures politiques qui favorisent l'inclusion, la justice sociale et la protection des droits humains. Économiquement, Mounier critique l'aliénation engendrée par le capitalisme et propose une économie au service de la personne, où le travail est vu comme une activité créatrice et non comme une simple marchandise. Le personnalisme d'Emmanuel Mounier est une philosophie qui met l'accent sur la dignité et la valeur intrinsèque de chaque personne, tout en soulignant l'importance des relations communautaires et de la responsabilité sociale. En cela, il se distingue clairement des philosophies de l'individualisme capitaliste et de l'identitarisme fasciste, et peut être considéré comme une philosophie de gauche.

L'ENRACINEMENT

Il est une autrice qui fait le lien dans ma vie entre mes deux convictions les plus profondes, chrétienne et socialiste, et qui a épousé jusque dans ses extrémités l'idéal des deux destinations : le Royaume et la révolution. La philosophe Simone Weil (1909-1943) a écrit un ouvrage qui me semble rassembler tout ce que nous avons évoqué et qui synthétise une pensée commune à la gauche et au christianisme quand on réfléchit au sens de l'identité.

L'Enracinement est un essai philosophique et politique écrit par Simone Weil en 1943, peu avant sa mort. Cet ouvrage est souvent considéré comme l'une de ses œuvres majeures, dans laquelle elle explore les conditions nécessaires à une société juste et équilibrée. Simone Weil écrit ce livre dans un contexte de guerre et d'occupation, cherchant à définir les bases d'une reconstruction morale et spirituelle de la société après la Seconde Guerre mondiale. L'objectif principal est de formuler des principes qui pourraient guider la réorganisation de la société pour qu'elle soit plus juste, plus humaine et plus enracinée dans le respect des besoins fondamentaux de l'être humain.

Weil considère l'enracinement comme un besoin fondamental de l'âme humaine, tout aussi essentiel que les besoins matériels. L'enracinement est défini comme le sentiment profond d'appartenance à une communauté, à une culture, à une tradition et à un lieu. Selon elle, le déracinement, qu'il soit causé par l'industrialisation, la guerre ou les politiques coloniales, engendre des souffrances et des injustices profondes. Weil dresse une liste de besoins de l'âme humaine, qu'elle classe en obligations plutôt qu'en droits. Ces besoins incluent, entre autres, la liberté, l'obéissance, la responsabilité, l'égalité, la hiérarchie, l'honneur, la punition, la liberté d'opinion, la sécurité, le risque, la propriété privée et collective, la vérité et la beauté. Une société juste doit s'efforcer de satisfaire ces besoins.

Simone Weil critique sévèrement la modernité, en particulier les effets destructeurs du capitalisme industriel et de l'impérialisme, qui contribuent au déracinement des individus et des communautés. Elle préconise une réorganisation sociale basée sur des principes de respect et de valorisation des traditions et des cultures locales. Weil propose une série de réformes sociales et politiques visant à réenraciner les individus dans leurs communautés. Elle suggère, par exemple, de valoriser le travail manuel, de renforcer les liens communautaires et de promouvoir une éducation qui respecte et transmet les traditions culturelles. La philosophe appelle à une profonde réflexion sur les fondements de la société et les besoins essentiels de l'être humain. En mettant l'accent sur l'importance de l'enracinement, Weil propose une vision d'une société où les individus trouvent leur place et leur dignité dans un cadre communautaire et culturel respectueux de leurs besoins fondamentaux.

Cette œuvre reste une référence pour celles et ceux qui cherchent à comprendre les liens entre justice sociale, culture et spiritualité. Simone Weil critique les structures économiques et sociales qui aliènent les classes travailleuses et détruisent les communautés locales. Elle s'aligne avec les perspectives de gauche qui dénoncent les effets néfastes du capitalisme sur les individus et les sociétés. Weil met l'accent sur l'importance des liens communautaires et de la solidarité, valeurs centrales dans les idéologies de gauche. Elle critique également le nationalisme agressif et le colonialisme, qui sont des forces de déracinement et de destruction culturelle. Elle plaide pour le respect des cultures et des traditions locales, ce qui s'oppose aux idéologies impérialistes et nationalistes souvent associées à la droite. Weil substitue le concept d'obligation à celui de droit, en insistant sur les obligations mutuelles des individus au sein de la société. Cette idée rejoint les théories de gauche qui mettent l'accent sur les responsabilités sociales et la justice collective plutôt que sur les droits individuels isolés.

CONCLUSION : UNE IDENTITÉ DYNAMIQUE ET INCLUSIVE

En examinant la manière dont le terroir, autrefois simple représentation de traditions locales et de production agricole, a été transformé en un symbole identitaire rigide, nous voyons comment cette manœuvre sert à exclure et à diviser. Certes, la dimension identitaire du terroir n'est pas totalement une trahison du concept original : le terroir contient intrinsèquement des éléments d'identité, liés au lieu, aux gens et à leurs pratiques culturelles. Cependant, la toxicité réside dans l'essentialisation et la restriction de cette identité. Cette essentialisation oppose un enracinement exclusif à une vision dynamique et inclusive de l'identité. La pensée de Simone Weil et ses perspectives progressistes et inclusives offrent une conception de l'identité basée sur la multiplicité, la muabilité et l'universalité. Elle permet de réconcilier les aspects individuels et collectifs de l'identité, en valorisant la dignité humaine et le respect de l'autre.

CONCLUSION GÉNÉRALE

DEBOUT LES DAMNÉ·ES DE LA VIGNE !

Le terroir est une notion de gauche. C'est ma conviction profonde. Comme la patrie fut à la gauche de la Révolution, le terroir est aux « damné·es de la terre » et surtout de la vigne. Il est, en fait, une sauvegarde de la dignité de chaque citoyen·ne de par la valorisation pleine et entière des fruits de son lieu d'origine. Le terroir est un *commun*, un *commun* à partager, un *commun* pour accueillir, un *commun* pour cultiver. Le terroir est un *commun* politique à investiguer pour nous inscrire dans l'héritage des luttes qui y ont pris chair, et pour faire vivre une spatialité, des savoir-faire, une alimentation et des communautés orientées vers la justice sociale et climatique. Parce qu'il est proche de nous, parce qu'il est à la portée de notre conscience du temps et de l'espace, parce qu'il est solidaire, parce qu'il est coopérant, le terroir est un projet d'égalité. Parce qu'il est respectueux des saisons et des cycles, parce qu'il est sobre et authentique, parce qu'il est harmonieux avec le vivant et restreint *de facto* par les limites planétaires du morceau de terre auquel il appartient, le terroir est un projet écologique.

La notion de terroir apparaît dans la langue française en 1212 pour désigner le processus par lequel un lieu singulier donne naissance à un vin unique et inimitable, grâce au savoir-faire spécifique des gens qui vivent à cet endroit. Le terme s'est étendu, progressivement nous l'avons vu, vers une compréhension plus large du lien fécond entre l'humain et son milieu. La littérature s'empare de cette notion en 1846, à la fois chez Sand et Dumas dans *La Mare au diable* et *Le Comte de Monte-Cristo*. L'une et l'autre étaient à la gauche de leur temps. La première prit la plume pour défendre Victor Hugo et « la cause des damnés » auprès de l'empereur Napoléon. Le second, métis et victime d'un racisme humiliant et sarcastique, défendit l'héritage de la première Révolution même s'il mourut quelques mois avant le retour de la République en France, en 1870. Libertaire pour la première, romantique pour le second, ils évoquent le terroir en ces termes :

« Terroir breton, charentais, lorrain, gaulois ; avoir l'amour du terroir ; être enraciné dans le terroir ; la France, terroir fertile en talents ; goût, saveur, odeur, parfum, senteur de terroir ; esprit de terroir ; avoir l'accent du terroir ; chants, contes, coutumes, dictons, légendes, proverbes du terroir ; artiste, peintre, poète de/du terroir. C'est encore un plaisir d'entendre ces idiotismes[1] pittoresques régner sur le vieux terroir du centre de la France[2]. »

« Savez-vous que ce que vous dites là, Villefort, sent la révolution d'une lieue ? Mais je vous pardonne : on ne peut pas être fils de Girondin et ne pas conserver un goût de terroir[3]. »

Tout est là. On retrouve dans l'un et l'autre cas à la fois les fruits de la terre et les racines invisibles de chaque être humain.

L'enracinement, tel qu'exploré dans cet ouvrage, est une source de stabilité et d'identité. Il offre un cadre dans lequel les individus peuvent trouver un sentiment de continuité, de transmission et donc de lien. Les traditions, les savoir-faire et les produits du terroir sont des éléments qui relient les

1 Forme, locution propre à une seule langue, intraduisible (gallicisme, anglicisme, italianisme...), ou à un usage.

2 *La Mare au diable*, 1846.

3 *Le Comte de Monte-Cristo*, janvier 1846 pour les derniers feuilletons.

générations et enrichissent notre culture commune. Pourtant, cet enracinement ne va pas sans difficultés. Il faut reconnaître qu'il peut aussi conduire à des formes d'enfermement. Lorsque l'attachement à un lieu et à ses traditions devient exclusif, il peut engendrer des attitudes de repli et de rejet de l'autre. Cette dynamique est particulièrement visible lorsque les terroirs sont mobilisés à des fins identitaires par des mouvements conservateurs ou nationalistes. L'idéalisation du passé et la protection jalouse des « petites patries » peuvent alors servir à exclure ceux qui ne correspondent pas à cette vision homogène de l'identité locale. C'est aussi le cas à l'échelle de l'individu qui peut subir de sa famille ou de son premier environnement d'origine une pression visant à lui faire renoncer à ses branches pour n'y cultiver que son rhizome sous la terre. Face à ces tentatives de se séparer de la cime au profit de la souche, le terroir contredit les fausses croyances du conservatisme pour affirmer un héritage commun plutôt qu'un héritage privatif, et une sève qui fleurit plutôt qu'un tronc desséché.

Pour éviter que l'enracinement ne devienne un vecteur de division, la gauche, en pratique, promeut une conception ouverte et dynamique du terroir. Le terroir doit être mobilisé comme un espace de rencontre, de dialogue et de liens humains. Les interactions avec d'autres cultures, le tourisme lent, l'usage du train, l'exportation non lointaine des meilleurs produits sont autant d'occasions d'enrichissement mutuel. Les terroirs peuvent ainsi devenir des laboratoires de coexistence, où la diversité est célébrée et intégrée dans un cadre de valeurs communes. « N'en déplaise à ceux qui pourraient nier l'influence du terroir, je sentais qu'il y avait en moi je ne sais quoi de local et de résistant que je ne transplanterais jamais qu'à demi », disait quelques années plus tard Eugène Fromentin, peintre et écrivain français, dans son roman *Dominique*, en 1863. Cette résistance dont il parle est une réponse à la négation de notre « quelque part » d'origine qui tisse un fil vers notre « quelque part » d'aujourd'hui et ceux de demain.

Nous avons eu tort d'opposer, comme David Goodhart dans son livre *Les Deux Clans*, les « Quelque-part » (« Somewhere ») et les « N'importe-où » (« Anywhere »)[1]. Cette distinction vise à expliquer certaines des divisions culturelles, sociales et politiques profondes qui caractérisent nos sociétés contemporaines, notamment dans le contexte des récents bouleversements populistes et nationalistes. Les « Somewhere » sont des individus fortement attachés à un lieu spécifique, à une communauté locale et à des traditions culturelles et sociales. Leur identité et leur sentiment d'appartenance sont profondément enracinés dans leur région d'origine, ce qui peut les rendre souvent sceptiques ou résistants aux changements rapides et à la mondialisation, perçus comme des menaces à leur mode de vie. Ils ressentent souvent un sentiment de déconnexion ou de méfiance envers les élites politiques et économiques, considérées comme distantes et déconnectées de leurs réalités quotidiennes. Cette défiance ne se creuserait pas s'il existait une culture de l'universalité qui soit présentée comme l'harmonie de cette diversité au sein de valeurs communes, plutôt qu'une mondialisation uniformisante imposant par la force, douce (*soft power*) ou ferme *(hard power)*, l'unicité d'une culture spécifique (occidentalisée, voire américanisée) à toute l'humanité.

En contraste, les « Anywhere » sont des individus qui se définissent par leur mobilité, leur éducation et une identité soi-disant cosmopolite. Ils sont plus à l'aise dans des environnements diversifiés et multiculturels et sont souvent déconnectés d'un lieu d'origine ou d'une culture spécifique. Leur identité est moins liée à un endroit particulier et plus à des valeurs qu'ils présentent comme universelles. Ils sont généralement plus ouverts aux changements sociaux et économiques et voient la mondialisation comme une opportunité plutôt qu'une menace. De plus, les « N'importe-où/Anywhere »

1 David Goodhart, auteur et journaliste britannique, a introduit cette distinction dans son ouvrage *The Road to Somewhere: The Populist Revolt and the Future of Politics* (Hurst, 2017).

bénéficient souvent de l'économie globalisée, occupant des emplois bien rémunérés dans des secteurs en croissance tels que la technologie, les services financiers et les industries créatives. Cette distinction de Goodhart a des implications importantes pour comprendre les dynamiques politiques et sociales contemporaines. Les mouvements populistes et nationalistes peuvent souvent être vus comme des révoltes des « Quelque-part » contre les « N'importe-où », exploitant le ressentiment des premiers envers les élites cosmopolites et leur promesse de restaurer l'identité et la souveraineté locales. Les débats sur l'immigration, la souveraineté nationale et l'identité culturelle sont souvent au cœur des tensions entre ces deux groupes, les « Quelque-part » voyant l'immigration et la diversité culturelle comme des menaces à leur mode de vie, tandis que les « N'importe-où » les considèrent comme des enrichissements. Cette distinction, j'en ai la conviction, est stérile. Nous pouvons être du monde car nous sommes de quelque part, comme l'expliquait Jaurès. Et nous devons, à gauche, présenter une universalité qui ne soit pas celle de la globalisation américaine, et une ouverture des frontières qui ne soit pas celle de la négation de nos histoires passées autant que de celles des citoyen·nes qui nous rejoignent. Ces histoires d'origines locales et nationales d'ici et d'ailleurs nous confèrent un « quelque part » que nous pouvons mettre en commun.

Mon aïeul, Thomas Grzybowski, est arrivé en France en 1830 au sein d'une milice insurrectionnelle polonaise désireuse de soutenir la révolution des Trois Glorieuses, fuyant en même temps le joug russe sur la Pologne. Ayant participé à la révolution de 1848 dans une milice républicaine, il s'engage ensuite dans la guerre de 1870 au sein de l'armée du Rhin, où il trouve la mort à Saint-Just-la-Pendue, dans la Loire. Devenu français par naturalisation en 1850, à Carcassonne, grâce au droit du sol, il m'a transmis son nom et la citoyenneté française, tout comme ma grand-mère lorraine m'a appris à écouter la terre et son langage. Ces racines, profondément ancrées dans l'histoire et les luttes pour la liberté, nourrissent mon attachement au droit du sol et à la France. Elles m'inculquent une fierté inébranlable de ce « quelque part » que je chéris, tout en embrassant l'universalité de l'humanisme qui nous mène à la justice sociale et climatique. Cette histoire familiale me permet de transmettre un amour de la France qui célèbre les traditions locales sans les opposer à une ouverture au monde, trouvant un équilibre entre enracinement et universalité. J'ai mis plusieurs années à retrouver les traces de la fosse commune au sein de laquelle mon trisaïeul est enterré. J'avais donc décidé de visiter la Pologne, à cinq reprises, avec mes trois frères, pour sentir et vivre de l'air qui fut le sien, et comprendre ce « quelque part » d'où mon nom provient. Quand, à force d'acharnement, avec l'aide d'une amie, nous avons enfin trouvé de manière certaine la trace de la fosse qui est la sienne, j'ai été libéré d'une quête à cet endroit. Certain·es rationalistes se moqueront sans doute de cette volonté de retrouver l'endroit précis où un ascendant a été enterré. Pourtant, peu de gens ignorent le besoin de se recueillir sur une tombe, une stèle, un arbre où reposent le corps ou les cendres d'un être cher. Nous savons qu'il ou elle n'est plus là, mais ce qui reste de lui ou d'elle est au repos à cet endroit. Ce recueillement, comme le mot l'indique en français, est une opportunité de cueillir à nouveau. En arrivant à Saint-Just-la-Pendue, j'ai cueilli à nouveau quelque chose de mon histoire qui m'a donné envie d'agir et de militer à nouveau. J'ai cueilli quelque chose de l'authenticité du sacrifice de mon aïeul, lui qui, venant de Pologne et aimant sa terre comme personne, a donné sa vie pour la France et les combats qui furent les nôtres dans ce pays pour imposer progressivement l'idéal de la République et de la démocratie. C'est ce recueillement que j'aimerais vous offrir et partager avec vous. J'espère que chacun de vos terroirs pourra vous permettre de cueillir à nouveau un peu d'écologie et d'égalité.

REMERCIEMENTS

Ce livre est le fruit d'une longue passion et d'une vive investigation que j'ai menée avec le soutien de mes proches, de ma famille et de mes amis d'enfance. Cet intérêt spécifique que j'ai développé pour les terroirs et qui suscitait au début de la honte est devenu une passion assumée grâce à elles et eux. J'aimerais remercier mes parents, en particulier ma maman en passant par sa Lorraine, mes grands-parents Alain et Claude de Gironde, du Minervois, du Cabardès, mon grand-père Roger de l'Ochsenfeld et ma grand-mère de la vallée de la Meuse.

Merci à Michel Lussault pour ses précieux conseils et à Christian Paul pour son mentorat au long cours.

Merci aussi à Alex, Aminata, Angela, Arthur, Chloé, Corentin, Elwenn, Manu, Farah, Houssame, Hugo, Julie, Laura-Jane, Lumir, Mahaut, Paul, Pierre, Titou, Thibaud et Victor pour nos pérégrinations et notre amitié. Merci à Husafa Supauco pour notre road trip jurassien en pleine rédaction.

J'aimerais remercier très chaleureusement Réjane Sénac, Damien Deville, Gabrielle Dorey, Paul Meigné, Simone Delaty, Samuel Chabré et Victor Grezes qui ont accepté de relire mon manuscrit avant l'immense travail de mon éditrice Sophie Caillat et de toute son équipe des Éditions du Faubourg.

Merci aux professeur·es qui ont marqué mon apprentissage à la Sorbonne, à l'EPHE et à Cambridge, en particulier Philippe Portier, Pierre-Jean Luizard, Loïc Blondiaux, Bastien François, Valentine Zuber et Jean Baubérot. Merci à Mahaut et Priscilla de m'avoir remis la plume au manuscrit après six années de jachère. Merci à Patrice Bessac pour sa confiance au sein du cabinet de la présidence, sur le territoire séquano -dionysien d'Est Ensemble où l'on vit et expérimente un terroir urbain.

BIBLIOGRAPHIE

OUVRAGES

40 voix pour les Soulèvements de la Terre. *On ne dissout pas un soulèvement.* Seuil, Paris, 2023.

Alengry, Franck. *Condorcet, guide de la Révolution française.* Giard & Brière, Paris, 1904.

Alinsky, Saul. *Radicaux, réveillez-vous !* Le Passager clandestin, Lorient, 2017.

Angelou, Maya. *Je sais pourquoi chante l'oiseau en cage.* Le Livre de poche, Paris, 2009.

Arendt, Hannah. *L'Humaine Condition (1958-1972).* Gallimard, Paris, 2012.

Arendt, Hannah. *Politique et Pensée.* Payot, Paris, 2004.

Artières, Philippe. *Le Peuple du Larzac. Une histoire de crânes, sorcières, croisés, paysans, prisonniers, soldats, ouvrières, militants, touristes et brebis...* La Découverte, Paris, 2021.

Bayart, Jean-François. *L'Énergie de l'État. Pour une sociologie historique et comparée du politique.* La Découverte, Paris, 2022.

Bellamy, François-Xavier. *Les Déshérités, ou l'urgence de transmettre.* J'ai lu, Paris, 2016.

Berque, Augustin et Deville, Damien. *Faire corps avec la terre. Manifeste de mésologie*, Wildproject, 2019.

Bianco, Jean-Louis. *Mes années avec Mitterrand. Dans les coulisses de l'Élysée.* Fayard, Paris, 2015.

Bois, Paul. *Paysans de l'Ouest. Des structures économiques et sociales aux options politiques depuis l'époque révolutionnaire dans la Sarthe.* Éditions de l'EHESS, Paris, 1984 [1960].

Boswell, Laird. *Le Communisme rural en France. Le Limousin et la Dordogne de 1920 à 1939.* Presses universitaires de Limoges, 2006.

Branco, Juan. *La République ne vous appartient pas. Discours à Polytechnique.* Au Diable Vauvert, Vauvert, 2020.

Bussi, Michel (dir.). *Le Tableau politique de la France de l'Ouest d'André Siegfried 100 ans après. Héritages et postérités.* Presses universitaires de Rennes, 2019.

Cagé, Julia et Piketty, Thomas. *Une histoire du conflit politique. Élections et inégalités sociales en France, 1789-2022.* Seuil, Paris, 2023.

Caillé, Alain. *Second Manifeste convivialiste. Pour un monde post-néolibéral.* Actes Sud, Arles, 2020.

Case, John et Taylor, Rosemary. *Co-ops, Communes and Collectives. Experiments in Social Change in the 1960s and 1970s.* Pantheon Books, New York, 1979.

Collin, Philippe. *Léon Blum, une vie héroïque.* Albin Michel, Paris, 2023.

Comité invisible. *Maintenant.* La Fabrique, Paris, 2017.

Condorcet (marquis de). *Essai sur la Constitution et les fonctions des Assemblées provinciales.* 1788.

Crignon, Anne. *Une belle grève de femmes. Les Penn sardin, Douarnenez 1924.* Libertalia, Montreuil, 2023.

Crozet, Matthieu et Lafourcade, Miren. *La Nouvelle Économie géographique.* La Découverte, Paris, 2009.

Day, Dorothy. *The Reckless Way of Love. Notes on Following Jesus.* Plough Publishing House, New York, 2017.

Derveaux, Pierre. *Provinces de France, histoire et dynasties.* Éditions d'art Derveaux, Saint-Malo, 1989.

Descola, Philippe et Pignocchi, Alessandro. *Ethnographies des mondes à venir.* Seuil, Paris, 2022.

Deville, Damien. *Toutes les couleurs de la Terre. Ces liens qui peuvent sauver le monde.* Tana, Paris, 2020.

Ducange, Jean-Numa. *Quand la gauche pensait la nation. Nationalités et socialismes à la Belle Époque.* Fayard, Paris, 2021.

Faburel, Guillaume. *Indécence urbaine. Pour un nouveau pacte avec le vivant.* Flammarion, Paris, 2023.

Faburel, Guillaume. *Pour en finir avec les grandes villes. Manifeste pour une société écologique post-urbaine.* Le Passager clandestin, Lorient, 2020.

Franconie, Grégoire et Julliard, Jacques. *Les Grands Textes de la gauche (1789-2017)*. Flammarion, Paris, 2017.

Garrigues, Jean. *Jours heureux. Quand les Français rêvaient ensemble.* Payot, Paris, 2023.

Gelderloos, Peter. *Stratégies pour une révolution écologique et populaire.* Libre, Bruxelles, 2023.

Glissant, Édouard. *Poétique de la Relation.* Gallimard, Paris, 1990.

Gosselin, Sophie et Bartoli, David gé. *La Condition terrestre. Habiter la Terre en communs.* Seuil, Paris, 2022.

Gramsci, Antonio. *Cahiers de prison.* Gallimard, Paris, 1978-1996 (cinq volumes).

Grandguillaume, Laurent (dir.). *Expérimenter le droit à l'emploi. Récits et analyses du projet Territoires zéro chômeur de longue durée.* Berger-Levrault, 2024.

Grataloup, Christian. *Géohistoire. Une autre histoire des humains sur la Terre.* Les Arènes, Paris, 2023.

Grenouilleau, Olivier. *Nos Petites Patries. Identités régionales et État central, en France, des origines à nos jours.* Gallimard, Paris, 2019.

Hancock, Claire. « L'idéologie du territoire en géographie : incursions féminines dans une discipline masculiniste », in Bard, Christine (dir.). *Le Genre des territoires : masculin, féminin, neutre.* Presses de l'université d'Angers, 2004, p. 165-174.

Hazan, Eric. *La Dynamique de la révolte. Sur des insurrections passées et d'autres à venir.* La Fabrique, Paris, 2015.

Hindie Lemay, Edna. *La vie quotidienne des députés aux États généraux, 1789.* Hachette, Paris, 1987.

Hobsbawm, Eric et Ranger, Terence (dir.). *L'Invention de la tradition.* Amsterdam, Paris, 2006.

Jaillet, Marie-Christine. « Contre le territoire, la "bonne distance" », in Vanier, Martin (dir.). *Territoires, Territorialité, Territorialisation. Controverses et perspectives.* Presses universitaires de Rennes, 2009, p. 115-121.

Joas, Hans. *Comment naissent les valeurs.* Calmann-Levy, Paris, 2023.

Labonne, Mathieu. *Servir le monde. La voie de l'écologie spirituelle,* Tana, Paris, 2022.

Lahire, Bernard. *Les Structures fondamentales des sociétés humaines*. La Découverte, Paris, 2023.

Lalouette, Jacqueline. *L'Identité républicaine de la France. Une expression, une mémoire, des principes*. Fayard, Paris, 2023.

Le Bras, Hervé. *Tableau historique de la France. La formation des courants politiques, de 1789 à nos jours*. Points, Paris, 2023.

Le Lay, Delphine et Horellou, Alexis. *Plogoff*. Delcourt, Paris, 2018.

Lévy, Jacques et Lussault, Michel (dir.). *Dictionnaire de la géographie et de l'espace des sociétés*. Belin, Paris, 2013.

Luxemburg, Rosa. *La Question nationale et l'autonomie*. Le Temps des Cerises, Paris, 2001.

Maalouf, Amin. *Les Identités meurtrières*. Grasset, Paris, 1998.

Malm, Andreas. *L'Anthropocène contre l'histoire. Le réchauffement climatique à l'ère du capital*. La Fabrique, Paris, 2017.

Marx, Karl. *Le Manifeste du Parti communiste*. 1848.

Mauvaise troupe (collectif). *Constellations. Trajectoires révolutionnaires du jeune 21e siècle*. Éditions de l'Éclat, Paris, 2014.

Mazauric, Claude. *1789. Sur la Révolution de France*. Au Diable Vauvert, Vauvert, 2021.

Mélenchon, Jean-Luc. *Faites mieux ! Vers la Révolution citoyenne*. Robert Laffont, Paris, 2023.

Morin, Edgar. *Introduction à la pensée complexe*. Points, Paris, 2014.

Morin, Edgar. *La Voie. Pour l'avenir de l'humanité*. Fayard, Paris, 2011.

Morin, Edgar. *Où est passé le peuple de gauche ?* Éditions de l'Aube, La Tour-d'Aigues, 2017.

Morizot, Baptiste. *Manières d'être vivant. Enquête sur la vie à travers nous*. Actes Sud, Arles, 2020.

Nicolas, Jean. *La Rébellion française. Mouvements populaires et conscience sociale (1661-1789)*. Gallimard, Paris, 2014.

Ozouf-Marignier, Marie-Vic. *La Formation des départements. La représentation du territoire français à la fin du XVIIIe siècle*, Éditions de l'EHESS, Paris, 1989.

Plenel, Edwy. *La Sauvegarde du peuple*. La Découverte, Paris, 2020.

Pruvost, Geneviève. *La Subsistance au quotidien. Conter ce qui compte*. La Découverte, Paris, 2024.

Renan, Ernest. *Qu'est-ce qu'une nation ?* Calmann-Lévy, 1882.

Rollot, Mathias et Schaffner, Marin. *Qu'est-ce qu'une biorégion ?* Wildproject, Marseille, 2021.

Ross, Kristin. *La Forme-Commune. La lutte comme manière d'habiter*. La Fabrique, Paris, 2023.

Sénac, Réjane. *Radicales et fluides. Les mobilisations contemporaines*. Presses de Sciences Po, Paris, 2021.

Sénac, Réjane. *Les Non-frères au pays de l'égalité*. Presses de Sciences Po, Paris, 2017.

Sternhell, Zeev. *Maurice Barrès et le nationalisme français*. Fayard, Paris, 2016.

Stiegler, Barbara. *« Il faut s'adapter ». Sur un nouvel impératif politique*. Gallimard, Paris, 2019.

Tackett, Timothy. *Becoming a Revolutionary: The Deputies of the French National Assembly and the Emergence of a Revolutionary Culture (1789-1790)*. Penn State University Press, Pennsylvanie, 2006.

Thiesse, Anne-Marie. *La Création des identités nationales. Europe, XVIIIe-XXe siècle*. Seuil, Paris, 1999.

Tibloux, Emmanuel et Brioist, Ariane (dir.). *Design des mondes ruraux. Ce que le design fait à la campagne (et réciproquement)*. Berger-Levrault, 2024.

Vignes, Annick (dir.). *Déverrouiller l'économie. Une approche systémique de la transition écologique et sociale*. Les Liens qui libèrent, Paris, 2023.

Weil, Simone. *L'Enracinement*. Folio, Paris, 1990 [1949].

Zimmermann, Wilhelm. *Allgemeine Geschichte des großen deutschen Bauernkrieges*. Stuttgart, 1841-1843.

REVUES ET JOURNAUX

Le Monde, « 1789, l'année sans pareille : 4. La Société des Trente et l'opinion publique », 15 juillet 1988.

Alpaugh, Micah. « Les émotions collectives et le mouvement des fédérations (1789-1790) ». *Annales historiques de la Révolution française*, 2013/2 (n° 372), p.49-80.

Bastié, Eugénie. « Bourdieu a créé l'école qu'il dénonçait », interview de F.-X. Bellamy. *Causeur*, 7 novembre 2014.

Bazalge, Olivier. « La France est le plus grand vignoble bio mondial ». *Vitisphère*, 21 novembre 2022.

Brutel, Chantal. « Être né en France d'un parent immigré. Une population diverse reflétant l'histoire des flux migratoires ». *Insee Première*, n° 1634, février 2017.

Castelli Gattinara, Pietro et Froio, Caterina. « Quand les identitaires font la une. Stratégies de mobilisation et visibilité médiatique du bloc identitaire », *Revue française de science politique*, vol. 68, n° 1, 2018, p. 103-119.

Chappey, Jean-Luc. « *Constellations* : Radicalités irrationnelles. Des jeunes révolutionnaires aux anciens réactionnaires ». *Agone, 2017/2* (n° 61), p. 15-40.

Descendre, Romain. « Le concept de “national-populaire” », *Chroniques italiennes. Série web*, n° 36, Sorbonne-Nouvelle, 2018.

Eude, Michel. « La Commune robespierriste ». *Annales historiques de la Révolution française*, n° 59, septembre-octobre 1933, p. 412-425.

Giraut, Frédéric. « Conceptualiser le territoire ». *Historiens et Géographes*, n° 403, 2008, p. 57-68.

Giraut, Frédéric et Houssay-Holzschuch, Myriam (dir.), « Au nom des territoires ! ». *L'Espace géographie*, 2008/2 (vol. 37), p. 97-105.

Haarscher, Guy. « La laïcité, la morale laïque et leurs paradoxes ». *Archives de philosophie du droit*, 2004, vol. 48, p. 123-140.

Joignot, Frédéric. « Pour l'écrivain Édouard Glissant, la créolisation du monde est “irréversible” ». *Le Monde*, 3 février 2011.

Jourdain, Anne et Naulin, Sidonie. « Héritage et transmission dans la sociologie de Pierre Bourdieu ». *Idées économiques et sociales*, vol. 166, n° 4, 2011, p. 6-14.

Maréchaux, Xavier. « République et “laïcité” : le nom révolutionnaire des communes de France sous le Consulat et l’Empire (et au-delà), essai de recensement et d’interprétation ». *Napoleonica. La Revue*, n° 25, 2016/1, p. 94-122.

Mischi, Julian. « Ouvriers ruraux, pouvoir local et conflits de classes ». *Agone*, n° 51, 2013.

Ollivro, Jean. « Territoires : de la communauté de destins à une communauté de desseins ». *Le Journal de l’école de Paris du management*, n° 80, 2009/6, p. 31-36.

Pieiller, Evelyne. « Le terroir ne ment pas. De gauche à droite, célébrations de l’identité ». *Le Monde diplomatique*, juin 2018.

Saverot, Denis et Maurange, Philippe. « Jean-Marie Le Pen : “Le vin est un grand consolateur” », *La Revue du vin de France*, octobre 2013.

Vaillant, François. « Le mythe Mandela ». *Alternatives non-violentes*, n° 185, 2017/4, p. 11-16.

Verpeaux Michel. « L’unité et la diversité dans la République ». *Les Nouveaux Cahiers du Conseil constitutionnel*, n° 42, janvier 2014.

Wolff, Francis. « Seules les idées universalistes permettent la coexistence des cultures ». *Libération*, 25 octobre 2019.

Youenn, Michel. « Des “petites patries” aux “patrimoines culturels” : un siècle de discours scolaires sur les identités régionales en France (1880-1980) ». *Carrefours de l’éducation*, n° 38, décembre 2014.

ANNEXES

CARTE DES VIGNOBLES DE FRANCE

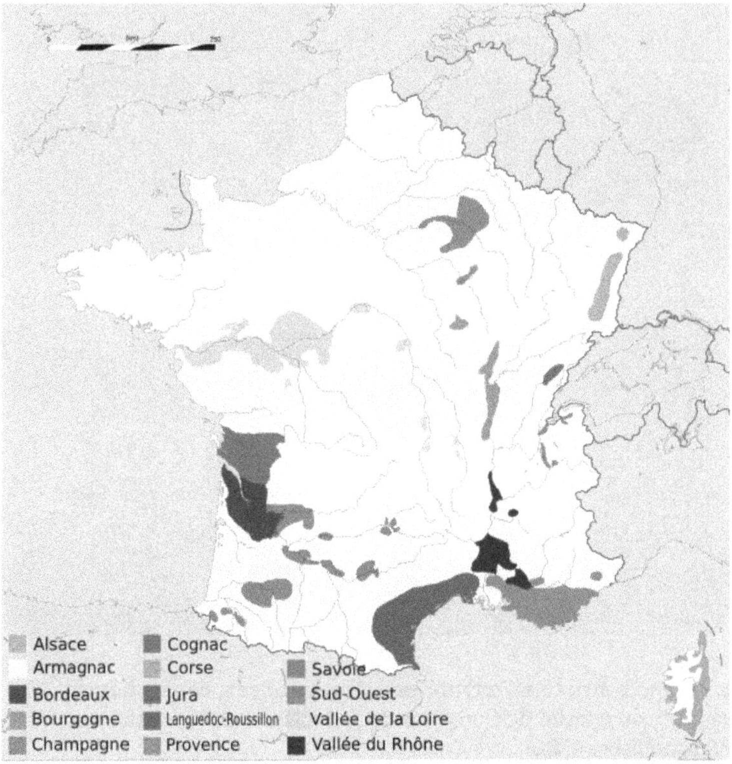

Source : Wikimedia Commons

PROPOSITION DE DÉCOUPAGE ADMINISTRATIF DE LA FRANCE EN 1789

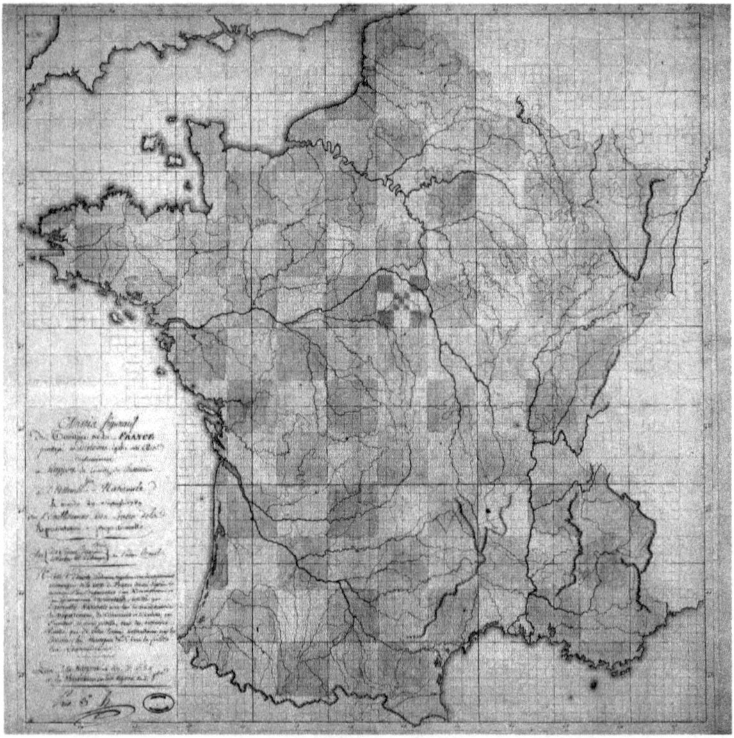

La France, divisée en territoires égaux entre eux, conformément au rapport du comité de Constitution fait à l'Assemblée nationale, le 29 septembre 1789.

INDEX

TABLE DES MATIÈRES

DÉJÀ PARUS DANS LA COLLECTION DOCUMENTS DES ÉDITIONS DU FAUBOURG

L'Intelligence artificielle, ses biais et les nôtres, Rémy Demichelis, 2024.

Pierre de Coubertin, Aymeric Mantoux, 2024.

Nous n'avons pas peur, Natalie Amiri et Düzen Tekkal, 2024.

Mes labyrinthes, Florian Forestier, 2023.

Wagner, Lou Osborn et Dimitri Zufferey, 2023.

Demain, c'est nous, François Bernard et Heïdi Sevestre, 2023.

Vivre fluide, Mathilde Ramadier, 2022.

Imposture à temps complet, Nicolas Kayser-Bril, 2022.

Souriez, vous êtes nudgé, Audrey Chabal, 2021.

Venir après, Danièle Laufer, 2021.

Souffrance en milieu engagé, Pascale-Dominique Russo, 2020.

Tous nos livres sont disponibles
en version numérique sur notre site
www.editionsdufaubourg.fr

ÉDITIONS DU **faubourg**

SIÈGE SOCIAL ET COURRIER
42 rue Planchat, 75020 Paris

DIRECTION GÉNÉRALE ET ÉDITION
Sophie Caillat
contact@editionsdufaubourg.fr

DIRECTRICE DU DÉVELOPPEMENT
Hélène Boursin

editionsdufaubourg.fr

PRÉPARATION DE COPIE
Sara Roumette

CORRECTION
Augustin Langlade

DESIGN GRAPHIQUE
Clément Bournas
clement.bournas@gmail.com

MISE EN PAGE
Camille Bouvier

TYPOGRAPHIES
League Gothic
Miller Text

DIFFUSION-DISTRIBUTION
Harmonia Mundi livre
Tél : 04 90 49 58 05

sepec
numérique

Impression & brochage - France
Numéro d'impression : N33186240701 - Première édition : août 2024
Dépôt légal : août 2024

PEFC 10-31-3532 / Certifié PEFC / Ce produit est issu de forêts gérées durablement et de sources contrôlées. / pefc-france.org